HAMBOURG
EN QUELQUES JOURS

D1670800

ANTHONY HAM

Sommaire

Préparer
son séjour

Église Saint-Michel (p. 58)
JOAQUIN OSSORIO CASTILLO/SHUTTERSTOCK ©

Explorer Hamburg 35

Carnet pratique 140

Coups de projecteur

Bienvenue à Hambourg

Hambourg, deuxième ville d'Allemagne et plus grand port du pays, vit en étroite symbiose avec la mer. Sa prospérité commerciale remonte jusqu'au Moyen Âge et à la naissance de la Ligue hanséatique. Toujours florissante elle connaît aussi un dynamisme culturel et fait preuve d'un hédonisme débridé qui garantissent au visiteur un séjour sans temps morts.

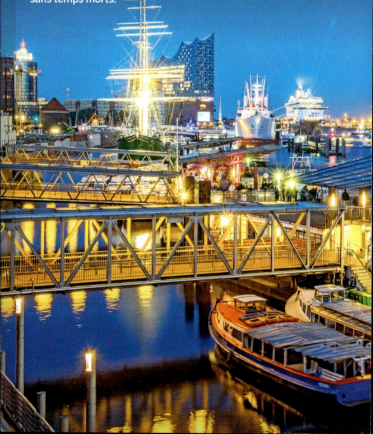

Port de Hambourg

Les incontournables

JANIS MALECKIS/SHUTTERSTOCK ©

Philharmonie de l'Elbe
Icône architecturale contemporaine et haut lieu de la musique. **p. 86**

FOTO-SELECT/SHUTTERSTOCK ©

Hôtel de ville

L'édifice néo-Renaissance où siège le gouvernement local. **p. 42**

Musée des Beaux-Arts de Hambourg

Le musée phare de Hambourg couvrant huit siècles d'histoire de l'art. **p. 40**

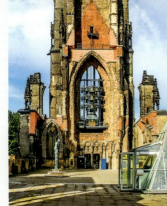

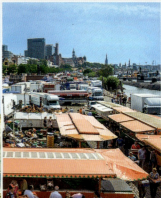

Mémorial Saint-Nicolas

Église en ruine témoignant des destructions de la guerre. **p. 38**

Marché au poisson

L'événement du dimanche matin. **p. 102**

Église Saint-Michel

"Der Michel", symbole baroque de la ville. **p. 58**

Musée maritime international

Dans un ancien entrepôt **p. 88**

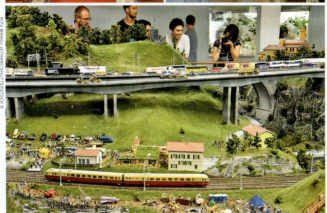

Miniatur Wunderland

L'Europe ferroviaire en modèle réduit. **p. 90**

Se restaurer

Hambourg offre de bonnes adresses de restauration, de la plus humble à la plus raffinée. Très appréciés dans cette ville portuaire les produits de la mer sont à l'honneur. Au cœur des échanges internationaux, la ville fait une large place aux cuisines du monde mais ne passez pas à côté des plats traditionnels hambourgeois.

Spécialités locales

Sur le papier, les spécialités allemandes (et hambourgeoises) les plus connues paraissent d'une simplicité trompeuse : *Wurst* (saucisse), *Brot* (pain), *Kartoffeln* (pommes de terre) et *Sauerkraut* (choucroute).

Labskaus

S'il y a un plat typique de Hambourg et du nord de l'Allemagne que les habitants aiment plus que tout autre, c'est bien le *Labskaus*.

Il est composé de pommes de terre, de bœuf fumé, de hareng et de betterave (donnant sa couleur vive à l'authentique *Labskaus*). Ce ragoût est généralement servi coiffé d'un œuf.

Fischbrötchen

Trouver le *Fischbrötchen* (sandwich au poisson ; voir photo) idéal est une obsession locale. À la fois en-cas du midi et conclusion des soirées tardives, ce mets consiste en une tranche de hareng mariné (tantôt salé, tantôt sucré), servie dans un petit pain avec une feuille de laitue symbolique.

Restaurants

Deichgraf Spécialités locales dans une rue splendide. (p. 51)

Die Bank L'un des restaurants les plus prestigieux de Hambourg. (p. 67)

Alt Hamburger Aalspeicher Une cuisine maison dans un cadre traditionnel. (p. 45)

Altes Mädchen L'un des représentants de la nouvelle vague culinaire de Hambourg. (p. 131)

Labskaus

Laufauf Un ragoût fabuleux et copieux dans un restaurant sans façons (p. 45)

AGE FOTOSTOCK/ALAMY ©

Deichgraf Petites et grandes portions de *Labskaus* dans un restaurant haut de gamme. (p. 51)

Old Commercial Room Vénérable bastion du genre, juste à côté de l'église Saint-Michel. (p. 65)

Fischbrötchen

Fischbrötchenbude Brücke 10 Nos *Fischbrötchen* préférés, dans le quartier du port. (p. 112)

Atlantik Fisch Vingt types de *Fischbrötchen* – les meilleurs de la ville pour beaucoup d'habitants. (p. 132)

Kleine Haie Grosse Fische Des sandwichs roboratifs pour conclure la nuit au cœur de la festive Reeperbahn. (p. 105)

L'histoire du Hamburger

L'histoire du burger, aujourd'hui omniprésent, remonte au XIIe siècle. Afin d'attendrir la viande de bœuf et de pouvoir la manger crue, les Tartares (cavaliers turco-mongols) en coinçaient des morceaux sous leur selle. La pratique s'étendit à la Russie. Au XVIIe siècle, les marins de passage rapportèrent la technique en Allemagne. Le "steak tartare" devint le "steak à la hambourgeoise". Idéales pour les longs voyages en mer, ces tranches de bœuf haché et salé (souvent légèrement fumé et agrémenté de chapelure et d'oignons) se conservaient très longtemps.

Au milieu du XIXe siècle, les émigrés allemands, en particulier les hambourgeois traversèrent l'Atlantique pour l'Amérique et importèrent par la même occasion cette recette, qu'ils servaient désomais dans des pains.

Prendre un verre et faire la fête

La vie nocturne hambourgeoise n'a pas volé sa réputation. Les bars à cocktails, les boîtes de nuit et les DJ de classe mondiale composent un paysage tout en énergie et innovation. Hambourg, réputée pour sa scène électro-punk (depuis les années 1980), n'a cessé de se transformer.

Bars et pubs

Les tapageurs pubs de quartier de Sankt Pauli et les paisibles bars raffinés d'Altona sont au cœur de la culture festive de Hambourg. La plupart de ces établissements ouvrent vers 17h en semaine (plus tôt le week-end) et ferment quand le dernier client a franchi la porte.

En matière de plages urbaines, il faut saluer l'esprit positif des Hambourgeois. En dépit du célèbre *Schmuddelwetter* (crachin et vent), ils ont bâti de petites enclaves sur les rives de l'Elbe où l'on peut siroter une bière les orteils dans le sable.

Bars-brasseries

Hambourg recèle des caves à bière à l'ancienne et d'autres tavernes traditionnelles, où la bière était autrefois – ou est encore – brassée sur place. La bière artisanale commence d'ailleurs à faire un retour en force.

Discothèques

Certaines discothèques ouvrent à 2h du matin ! L'entrée est parfois payante, sachant que les clubs gratuits se rattrapent sur les (coûteuses) consommations. Le site www.clubkombinat.recense les clubs de la ville.

Vie nocturne

Le Lion Bar à cocktails le plus sélect de Hambourg et temple du succulent Gin Basil Smash. (p. 53)

Bar Hamburg Mettez-vous sur votre trente et un pour venir ici. (p. 80)

Zum Silbersack La quintessence du bar de Sankt Pauli. (p. 105)

Bacaro Wine Bar Élégant bar à vins contemporain, à Sankt Georg. (p. 80)

CCLPHOTOGRAPHY/SHUTTERSTOCK ©

Bars à cocktails

Le Lion Le seigneur des bars à cocktails de Hambourg, à Altstadt. (p. 53)

Bar Hamburg Un lieu adoré des célébrités, à Sankt Georg. (p. 80)

Clouds Heaven's Bar Sirotez un cocktail avec vue sur la Reeperbahn. (p. 115)

Katze La meilleure caïpirinha de la ville, à Altona. (p. 133)

Brasseries et bières artisanales

Gröninger Privatbrauerei Testez la bière maison de cette cave historique. (p. 45)

Biergarten Speersort Un *Biergarten* dans la plus pure tradition bavaroise. (p. 53)

Kyti Voo Fabuleux bar de Sankt Georg, avec une majorité de bières artisanales. (p. 81)

Bars de quartier

Zum Silbersack À Hambourg, tout le monde aime ce bastion de Sankt Pauli. (p. 105)

Zur Ritze Bar de la Reeperbahn, à la fois provocant et grand public. (p. 114)

Bacaro Wine Bar Élégant bar à vin de Sankt Georg. (p. 80)

Golden Pudel Club Emblème de la scène alternative de Sankt Pauli, avec une âme musicale. (p. 114)

Komet Musik Bar Vinyles, breuvage maison et clientèle fidèle – un incontournable de Sankt Pauli. (p. 116)

Aurel Un séduisant bar d'Altona, bien pourvu en boissons et en musique. (voir photo ; p. 125)

Discothèques

Molotow Ce formidable club de la Reeperbahn ne lève jamais le pied. (p. 116)

Golden Cut Club Un club haut de gamme à Sankt Georg, ouvert le week-end uniquement. (p. 80)

Nachtasyl La popularité de ce bastion nocturne du centre-ville ne faiblit pas. (p. 54)

Moondoo Attire certains des meilleurs DJ d'Allemagne et d'Europe. (p. 117)

Shopping

Certes, il est plus facile de trouver un bar branché qu'une boutique tendance à Hambourg, mais les amateurs de shopping devraient réussir à se faire plaisir. Neustadt et Altstadt recèlent des options haut de gamme tandis que Sankt Pauli, Altona et Sankt Georg comptent plus d'échoppes et de boutiques créatives.

Par quartier

Altstadt
Grands magasins et librairies, plus quelques petites boutiques. (voir photo ; p. 54)

Neustadt
L'épicentre commerçant de Hambourg, avec notamment quantité d'enseignes internationales (p. 70)

Sankt Georg Petites boutiques et magasins originaux dans la Lange Reihe. (p. 82)

Sankt Pauli et Reeperbahn
Mode grunge et bohème. (p. 121)

Altona et Elbmeile
Chaussures, vêtements et articles pour la maison. (p. 135)

Boutiques et marchés

Mutterland L'épicerie fine allemande de rêve pour un cadeau, un pique-nique ou un délice sucré. (p. 70)

Flohschanze Excellent marché aux puces du samedi à Karolinenviertel. (p. 121)

Koppel 66 Une galerie de magasins et d'ateliers d'art et d'artisanat. (p. 75)

Atelier Nigoh Un magnifique petit magasin dans une rue secondaire, avec souvent des œuvres d'art inspirées de Hambourg. (p. 125)

Apropos the Concept Store Des pièces de haute couture internationales, exposées comme des œuvres d'art. (p. 71)

Fischmarkt
Un marché aux poissons dominical à l'énergie irrésistible. (p. 102)

Souvenirs

Atelier Nigoh
Somptueuses œuvres d'art inspirées de Hambourg, à Sankt Pauli. (p. 125)

Kaufhaus Hamburg
Cadeaux amusants sur le thème de Hambourg, à Sankt Georg. (p. 83)

The Art of Hamburg
Souvenirs de Hambourg, avec notamment des articles pour la maison. (p. 83)

Hamburger SV City Store
Maillots de football et autres reliques à la gloire du Hamburg SV. (p. 45)

ALBERT PEGO/SHUTTERSTOCK ©

Articles pour la maison, artisanat et design

Koppel 66 Le temple hambourgeois de l'art et de l'artisanat à Sankt Georg. (p. 75)

Sleeping Dogs Un magasin concept de meubles et d'accessoires pour la maison dans le style vintage ou scandinave. (p. 54)

Wohnkultur 66 Des meubles danois aux allures d'œuvres d'art à Altona. (p. 135)

Søstrene Grene Articles pour la maison et autres babioles scandinaves, à Altona. (p. 125)

Anne Zimmer Des bijoux magnifiquement façonnés, dans un coin tranquille de Neustadt. (p. 61)

Ars Japonica Belles estampes et autres articles japonais. (p. 121)

Gastronomie

Mutterland Denrées allemandes de qualité et parfaitement emballées. (p. 70)

Tobias Strauch Weinkontor L'un des meilleurs cavistes de Hambourg, dans la partie ouest de Neustadt. (p. 71)

Weinkauf St Georg Des vins allemands et étrangers dans la Lange Reihe. (p. 82)

Mode

Neustadt Les meilleures boutiques de mode de Hambourg. (p. 70)

Apropos the Concept Store Vêtements de grands couturiers dans un prestigieux magasin de Neustadt. (p. 71)

Crazy Jeans Des marques de Sankt Pauli avec du caractère. (p. 121)

Chapeau St Georg Chapeaux rétro ou modernes. (p. 83)

Musées et galeries

L'offre culturelle de Hambourg est d'une richesse incroyable. De grandes galeries d'art, ainsi que des institutions privées plus modestes, se partagent le paysage avec des musées couvrant des thèmes aussi variés que l'histoire, l'émigration, les anecdotes maritimes, le commerce du café ou encore le formidable patrimoine musical de la ville.

Musées d'Art

Une institution rayonne sur le paysage culturel de la ville : le musée des Beaux-Arts de Hambourg (p. 40). Cette institution de classe mondiale recèle une collection qui va de la Renaissance à l'ère moderne, avec des grands noms comme Paul Klee ou Caspar David Friedrich. Offrant un écrin idéal aux diverses collections, les majestueuses galeries historiques renferment des portraits médiévaux, tandis que la Galerie der Gegenwart, un édifice cubique, offre un regard moderne sur l'existence, avec des artistes comme David Hockney.

Musées

En tant que cité portuaire, Hambourg a toujours accueilli des citoyens et des influences du monde entier. Ses musées affichent la même ouverture d'esprit. L'histoire maritime de la ville est particulièrement gâtée, entre le bateau-musée de Rickmer Rickmers (p. 110) et les produits importés à travers les océans que sont le chocolat, les épices ou encore le café. Citons également la collection représentant le monde en version miniature, les petits musées de quartier décalés, ou encore le centre culturel Rote Flora (p. 128), à Sankt Pauli, quintessence de la contre-culture hambourgeoise.

Musées de la musique

Peu de villes peuvent rivaliser avec Hambourg en matière de références musicales. La liste des géants de la musique nés ou passés par ici est extraordinaire :

BILDAGENTUR-ONLINE/JOKO/ALAMY ©

Carl Philipp Emanuel Bach (1714-1788), Felix Mendelssohn (1809-1847), Johannes Brahms (1833-1897), Gustav Mahler (1860-1911), etc. Un quatuor d'un autre genre – les Beatles – a laissé une empreinte indélébile à Hambourg. Révisez vos classiques au Johannes Brahms Museum (p. 61) et au Komponisten-Quartier (p. 61).

Musées d'art

Musée des Beaux-Arts de Hambourg Le plus prestigieux musée de la ville, à fréquenter sans modération. (p. 40)

Musée des Arts et Métiers Meubles, porcelaines, affiches japonaises et pièces de pop art. (voir photo ; p. 77)

Deichtorhallen Un stupéfiant lieu du début du XXe siècle proposant des expositions temporaires. (p. 48)

Galerie Commeter Le plus ancien musée de Hambourg, avec une collection privée couvrant plusieurs genres. (p. 49)

Galerie Herold Un petit musée privé, axé sur la peinture expressionniste du nord de l'Allemagne. (p. 63)

Musées

Musée maritime international Une vaste collection consacrée au passé maritime de Hambourg. (p. 88)

Johannes Brahms Museum Un voyage fascinant à travers la vie du prodige musical de la ville. (p. 61)

Mémorial Saint-Nicolas Une exposition captivante consacrée à l'impact de la Seconde Guerre mondiale sur Hambourg et d'autres lieux. (p. 38)

Speicherstadt Museum Le patrimoine commercial de la ville, exposé dans un bel entrepôt historique. (p. 93)

Musée d'Histoire de Hambourg L'histoire de Hambourg présentée de façon interactive pour les débutants. (p. 108)

Sankt Pauli Museum Un musée de quartier et sur l'histoire du quartier dans la plus pure tradition de Sankt Pauli (p. 105)

Architecture

Si les églises de la cité illustrent diverses périodes architecturales, c'est sur le front de fleuve que le style architectural hambourgeois resplendit. Les entrepôts de la Speicherstadt constituent l'essence de la ville, tandis que la HafenCity recèle quelques stupéfiants édifices contemporains.

Hambourg gothique et néogothique

Depuis la Seconde Guerre mondiale, il ne reste plus grand-chose de l'âge d'or gothique de Hambourg, qui apparut au XIIe siècle et dura jusqu'au XVIe siècle. Toutefois, son influence reste forte comme l'illustrent les pignons et les corniches néogothiques de la Speicherstadt.

Hambourg baroque

L'architecture baroque de Hambourg a quasiment disparu, à l'exception de deux splendides édifices. L'hôtel de ville (p. 42), considéré comme un chef-d'œuvre du baroque et du style néo-renaissance, et l'église Saint-Michel (p. 58) – l'édifice actuel étant une réplique de l'original du XVIIIe siècle – , dotée d'un intérieur blanc et or incarnation parfaite du baroque classique.

Architecture moderne

Hambourg connut une période de grande prospérité au début du XXe siècle. La gare principale (p. 145) fut inaugurée en 1906, à l'époque où les demeures de riches marchands commençaient à apparaître autour du Binnenalster et de l'Aussenalster.

Récemment, les architectes de la ville sont revenus à des motifs traditionnels ou maritimes. L'exemple le plus frappant est la Philharmonie de l'Elbe (p. 86), qui évoque des vagues avec ses panneaux de verre incurvés coiffant un ancien entrepôt en brique. L'ancien quartier des docks, rebaptisé HafenCity

DIZZY PHOTOS/SHUTTERSTOCK ©

(p. 93), s'impose comme un emblème de l'architecture contemporaine.

Édifices gothiques et néogothiques

Krameramtswohnungen Une rangée de minuscules maisons à colombages du XVIIe siècle. (p. 63)

Deichstrasse Des maisons à mur pignon en façade, dans le style gothique, jalonnant une rue pavée. (p. 45)

Johannes Brahms Museum Emblème de l'architecture gothique dans la partie ouest de Neustadt. (p. 61)

Chilehaus Exemple phare de l'architecture expressionniste allemande. (p. 45)

Architecture contemporaine

Philharmonie de l'Elbe Étonnant symbole actuel du patrimoine maritime de Hambourg. (p. 86)

Dockland Ce bâtiment original au bord de l'Elbe évoque un navire amarré sur les quais. (voir photo ; p. 128)

Tanzende Türme Les "tours dansantes", à l'extrémité est de la Reeperbahn. (p. 108)

HafenCity Une architecture futuriste privilégiant la construction durable (p. 93).

L'Unesco distingue la Speicherstadt et le quartier Kontorhaus

L'Unesco a reconnu l'empreinte architecturale novatrice de la Speicherstadt en 2015, incluant au passage les bâtiments du quartier Kontorhaus, l'un des premiers grands complexes de bureaux en Europe. Il est dominé par la Chilehaus (p. 45), l'une des maisons gothiques en brique du secteur.

Hambourg avec des enfants

Hambourg est une ville agréable pour les enfants, même si les activités se font rares quand le temps se gâte. Les visites du port, les festivals, les matchs de football et les musées seront à privilégier selon l'âge, ainsi que toutes les possibilités de voir la ville d'en haut.

Musées
De nombreux musées de Hambourg intéresseront les enfants. Certains semblent même spécialement conçus pour eux.

Circuits et attractions
Optez pour certains circuits oraganisés ou rabattez vous sur le football, l'effrayant Hamburg Dungeon ou les barques.

Points de vue et architecture
Les lieux haut perchés plaisent généralement aux enfants, tout comme les édifices qui semblent droit sortis de leur imagination.

Musées

Chocoversum
Faites-vous plaisir dans ce musée du chocolat et concevez votre propre barre chocolatée. (p. 48)

Miniatur Wunderland
Ce Hambourg miniature fait fureur chez les plus petits. (p. 90)

Musée maritime international Quantité d'atouts, dont 26 000 maquettes de bateaux. (voir photo ; p. 88)

Musée d'Histoire de Hambourg L'histoire de Hambourg au fil de maquettes de bateaux et de trains miniatures. (p. 108)

Panoptikum Rien de tel qu'un musée de cire pour intéresser les plus jeunes – avec 120 personnages, qu'ils reconnaîtront pour certains. (p. 109)

Tierpark Hagenbeck Le zoo de Hambourg est un peu excentrés, mais vos enfants vous pardonneront la balade. (p. 99)

Circuits et attractions

Barclaycard Arena Les jeunes fans de football ne voudront pas rater un match de Bundesliga. (p. 128)

Hamburg Dungeon Un parc d'attractions logé dans un ancien entrepôt, à partir de 10 ans. (p. 95)

BILDAGENTUR-ONLINE/JOKO/ALAMY ©

Beatles Tour Ce circuit consacré aux Beatles au fil de Sankt Pauli pourrait plaire aux plus âgés de vos enfants. (p. 110)

Circuit du port Une autre perspective sur la ville depuis les flots. (p. 25)

Segelschule Pieper S'il fait beau, louez une barque ou un pédalo. (p. 77)

HafenCity Riverbus Le seul circuit hambourgeois en bus amphibie. (p. 96)

Points de vue et architecture

Mémorial Saint-Nicolas L'un des plus beaux panoramas de Hambourg, accessible par un ascenseur vitré. (p. 38)

Église Saint-Michel Emmener ses enfants à l'église devient facile avec une vue pareille depuis le clocher. (p. 58)

Altonaer Balkon Certains passeraient bien leur journée à observer les bateaux depuis ce "balcon". (p. 128)

Philharmonie de l'Elbe Une merveille architecturale qui laissera les plus jeunes bouche bée. (p. 86)

Dockland Bateau ou bâtiment ? Laissez vos enfants répondre, puis grimpez sur le toit. (p. 128)

Tanzende Türme Les enfants adoreront les "tours dansantes" qui gardent l'entrée de la Reeperbahn. (p. 108)

À savoir

Transports Les transports sont gratuits avant 6 ans. La "9-Uhr-Tageskarte" (6,40 €) est valable 9 heures pour un adulte et trois enfants maximum. De 6 à 14 ans, le billet aller coûte 1,20 €.

Restaurants La plupart des établissements accueillent volontiers les plus jeunes ; certains proposent des menus spéciaux et la plupart disposent de quelques chaises hautes.

Sortir

L'offre de sorties à Hambourg est d'une grande variété. Prestigieuses salles de musique classique, théâtre en langue allemande de haute volée, scènes trash de Sankt Pauli – il y en a pour tous les goûts. Consultez www.piste.de/hamburg ou www.szene-hamburg.com.

Musique live

Hambourg affiche une scène musicale très dynamique et a aussi une réputation de dénicheuse de talents.

Théâtre

Les productions commerciales du type Broadway sont très prisées. Les offices du tourisme fournissent tous les renseignements sur ces spectacles. et sur le théâtre plus traditionnel.

Par quartiers

Altstadt Une faible animation nocturne, mais une bonne salle de concert. (p. 54)

Neustadt Siège de l'Opéra de la ville et d'une scène de musique classique. (p. 69)

Sankt Georg Une poignée de lieux gays et l'un des meilleurs théâtres de la ville. (p. 82)

Speicherstadt et HafenCity Siège de l'incomparable Philharmonie de l'Elbe. (p. 98)

Sankt Pauli et Reeperbahn Le cœur de la scène musicale de Hambourg. (p. 118)

Altona et Elbmeile Excellente salle de concert et cinéma d'art et d'essai. (p. 134)

Arènes

Philharmonie de l'Elbe Une architecture époustouflante et une expérience musicale exceptionnelle (p. 86)

Gruenspan Formidable salle de concert à Sankt Pauli. (p. 118)

Mojo Club Le meilleur club de jazz de Hambourg. (p. 118)

Knust Une scène mythique à Sankt Pauli. (p. 120)

Fabrik On ne sait jamais à quoi s'attendre dans ce lieu passionnant. (p. 135)

Barclaycard Arena Assistez à un match du Hambourg SV en Bundesliga. (p. 128)

Musique classique

Philharmonie de l'Elbe Une scène de réputation mondiale. (p. 86)

Staatsoper L'un des plus prestigieux Opéras au monde. (p. 69)

PANTHER MEDIA GMBH/ALAMY ©

Laeiszhalle L'une des nombreuses scènes de musique classique. (p. 69)

Concerts

Gruenspan La meilleure salle de concert de Sankt Pauli. (p. 118)

Mojo Club Une cave de jazz qui programme des concerts de premier ordre. (p. 118)

Knust Une adresse formidable pour toute une gamme d'artistes. (voir photo ; p. 120)

Fabrik L'incarnation de tout l'éclectisme de la scène hambourgeoise. (p. 134)

Cascadas Des accents soul, jazz, latino, funk, caribéens et blues à Altstadt. (p. 54)

Hasenschaukel Musique indé et valeurs montantes, dans la plus pure tradition de Sankt Pauli. (p. 119)

Festivals de musique

MS Dockville Festival aoûtien au sud de l'Elbe avec une programmation de haut vol. (p. 55)

Reeperbahn Festival Toutes sortes de musique à l'honneur dans la Reeperbahn. (p. 120)

Schlagermove Célébration du rock allemand des années 1970, avec force déguisements. (p. 120)

Altonale Un festival de rue et de quartier qui met l'accent sur la musique live. (p 132)

Théâtres

Deutsches Schauspielhaus Theatre La meilleure scène de Hambourg pour le théâtre en langue allemande. (p. 82)

Théâtre Sankt Pauli Mélange de pièces grand public et avant-gardistes au cœur de Sankt Pauli. (p. 119)

Schmidt Tivoli Une gamme variée de pièces et de spectacles à Sankt Pauli. (p. 120)

Zeise Kino Cinéma d'art et d'essai à Altona. (p. 134)

Activités

Les circuits en bateau invitant à découvrir la ville ou le port constituent l'activité la plus prisée. Les possibilités de promenade à pied sont légion, même si les espaces verts sont rares. Par ailleurs, la ville fait la part belle au vélo, avec quantité de pistes cyclables et de services de location.

BILDAGENTUR-ONLINE/JOKO/ALAMY ©

Activités

ATG Alster-Touristik La version aquatique du bus touristique, avec possibilité de monter et descendre à sa guise. (p. 65)

Zweiradperle Location de vélos dans le centre et informations sur les itinéraires. (p. 149)

Segelschule Pieper Naviguez à votre propre rythme, en prenant le temps d'admirer la vue. (p. 77)

Maritime Circle Line Une autre façon d'explorer la ville – depuis les flots. (p. 110)

Lieux de promenade

Baakenpark Une oasis de verdure à la pointe sud-est de la HafenCity, avec une vue splendide sur le fleuve. (p. 97)

Süllberg Le Süllberg, une colline haute de 75 m,

est le meilleur endroit pour admirer l'Elbe et ses bateaux. Prenez le S-Bahn jusqu'à Blankenese, puis le bus n°48 jusqu'à Waseberg. (p. 135)

Altonaer Balkon Un joli parc dominant l'Elbe à l'ouest du centre-ville. (voir photo ; p. 128)

Park Fiction Sentiers au bord de l'Elbe, avec quantité d'endroits pour se mettre à l'ombre. (p. 109)

Circuits organisés

La visite guidée est une excellente façon d'avoir une vision globale de Hambourg tout en en privilégiant certains aspects. Les circuits pédestres sont prisés (la plupart sont "gratuits", mais un pourboire de 5 à 10 € par personne est apprécié). À noter aussi les formules en bateau et en bus.

FOTOS5593/SHUTTERSTOCK ©

Croisières

Pour visiter le port, le plus simple est de rallier les Landungsbrücken (embarcadères) et de prendre le premier bateau.

Promenades

Des dizaines de circuits pédestres, souvent thématiques sont proposés à travers la ville. Adressez-vous aux offices du tourisme.

Circuits en bus

De nombreuses compagnies permettent de monter et de descendre à sa guise avec le même billet. L'itinéraire A est de loin le meilleur.

Croisières

Abicht Circuits au fil du port, avec possibilité d'admirer les entrepôts illuminés le samedi soir. (p. 111)

Barkassen-Centrale Ehlers Explorations du port de 1 à 2 heures, excursions sur les canaux et circuits à bord de bateaux historiques. (p. 64)

Hadag Visites du port et circuits plus téméraires en aval de l'Elbe. (p. 111)

Maritime Circle Line Navette reliant les curiosités maritimes du port de Hambourg. (p. 110)

HafenCity Riverbus Visite de la ville de 1 heure 10 à bord d'un bus amphibie. (p. 96)

Promenades

Abenteuer Hamburg Une offre de circuits très variée. (p. 111)

Beatles Tour Une évocation ludique du parcours des Beatles à Hambourg. Le circuit inclut un petit concert. (p. 110)

Hamburg Touren Circuits "Philharmonie de l'Elbe", "Sankt Pauli la nuit" et "Sexe, drogue et Currywurst". (p. 111)

Hamburg Walks Balades bien organisées couvrant l'essentiel du centre-ville en 3 heures. (p. 48)

Robin and the Tour Guides (www. robinandthetourguides.de). Découverte du "centre-ville historique" en 2 heures, entre autres formules.

Scène gay et lesbienne

Hambourg est une destination prisée des schwule (gays) et lesbische (lesbiennes), notamment Sankt Georg et les abords de la Lange Reihe, où la bannière arc-en-ciel flotte fièrement. Mais les démonstrations d'affection homosexuelles ne sont pas toujours bien vues, dans les secteurs du Steindamm, de la Hansaplatz, à Sankt Georg.

DANIEL REINHARDT/DPA/ALAMY ©

Sorties

Hambourg affiche une florissante scène gay et lesbienne. Si l'essentiel de l'animation est concentré dans le quartier de Sankt Georg, on trouve aussi des lieux ouverts à tous à travers la ville – en substance, l'étiquette "gays et lesbiennes bienvenus" pourrait s'appliquer à la plupart des lieux nocturnes de la ville.

Pour plus de détails, les gays s'adresseront au centre **Hein & Fiete** (www.heinfiete. de ; Pulverteich 21 ;

🕑 16h-21h lun-ven, 16h-19h sam ; Ⓤ Hauptbahnhof-Süd), à Sankt Georg, et les lesbiennes au centre **Intervention** (www. intervention-hamburg. de ; Glashüttenstrasse 2 ; 🕑 horaires variables ; Ⓤ Feldstrasse), à Sankt Pauli.

Voici quelques guides permettant de découvrir la scène LGBT de Hambourg :

Blu (www.blu.fm). Magazine papier et en ligne gratuit, avec lieux et calendrier d'événements mis à jour régulièrement.

Hinnerk (www.hinnerk.de). Bon site pour découvrir des lieux gays dans toute la ville.

L-Mag (www.l-mag.de). Magazine bimensuel pour les lesbiennes. En vente dans tous les kiosques.

Patroc Gay Travel Guide (www.patroc.com/ hamburg). Infos touristiques sur 25 destinations européennes, dont Hambourg.

Spartacus International Gay Guide (spartacus. gayguide.travel). Guide de voyage pour les hommes. Publié chaque année et disponible en ligne, dans les librairies et en application.

Travel Gay Europe (www.travelgayeurope.com/ destination/gay-germany/ gay-hamburg). Un honorable guide du Hambourg gay.

Hambourg gratuit

La gratuité n'est pas fréquente à Hambourg, mais limiter ses dépenses reste possible en achetant une carte de réduction pour accéder à des lieux et à des transports à des prix préférentiels, et en choisissant d'aller au musée certains jours. De nombreux tour-opérateurs proposent des circuits gratuits, mais le pourboire est en général sous-entendu.

HELGALVIV/SHUTTERSTOCK ©

Expériences

Philharmonie de l'Elbe Une architecture fabuleuse, une vue majestueuse et une expérience vraiment inoubliable. (p. 86)

Fischmarkt Dynamique marché du dimanche matin, au bord de l'eau. (p. 102)

Hôtel de ville Contrairement à l'intérieur, la façade et le hall d'entrée sont accessibles gratuitement. (voir photo ; p. 42)

HafenCity InfoCenter Une formidable introduction au quartier le plus dynamique de Hambourg. (p. 93)

St Pauli Nachtmarkt Profitez gratuitement de l'ambiance... même si vous finirez bien par acheter quelque chose sur les étals. (p. 108)

HafenCity Nachhaltigkeitspavillon Un regard fascinant sur l'architecture durable dans l'histoire de la HafenCity. (p. 93)

Emblèmes de Hambourg

Davidwache Le commissariat de police de Sankt Pauli, popularisé par la télévision. (p. 105)

Beatles-Platz Une place honorant la mémoire des Beatles dans l'emblématique Reeperbahn, également gratuite. (p. 108)

Altonaer Balkon Admirez l'Elbe depuis l'un de ses plus beaux points de vue. (p. 128)

Rote Flora De la contre-culture, des graffitis et du style. (p. 128)

Deichstrasse Le plus joli coin du vieux Hambourg, avec ses maisons à mur pignon et ses pavés. (p. 45)

Alter Elbtunnel Édifice classé, innauguré en 1911, le vieux tunnel est une prouesse technologique (p. 111)

Hambourg en 4 jours

Jour 1

SCIROCCO340/SHUTTERSTOCK ©

Commencez dans Altstadt par un petit-déjeuner au **Café Paris** (p. 45), puis admirez l'**hôtel de ville** (p. 42) et la **Chilehaus** (en photo ; p. 45). Visitez le musée et montez au sommet du **mémorial Saint-Nicolas** (p. 38).

Flânez le long de la **Deichstrasse** (p. 45), puis déjeunez au **Deichgraf** (p. 51), au **Alt Hamburger Aalspeicher** (p. 45) ou au **Kartoffelkeller** (p. 51). Puis descendez jusqu'au Landungsbrücke pour un circuit en ferry dans le port.

Retournez dans la vieille ville pour dîner chez **Daniel Wischer** (p. 51) ou pour une *currywurst* au **Mö-Grill** (p. 49). Prenez une bière au **Gröninger Privatbrauerei** (p. 45) ou d'un cocktail sélect au bar **Le Lion** (p. 53). Enfin, allez danser au **Nachtasyl** (p. 54) ou écouter un concert au **Cascadas** (p. 54).

Jour 2

LOOK DIE BILDAGENTUR DER FOTOGRAFEN GMBH/ALAMY ©

Ralliez St Georg pour petit-déjeuner au **Café Gnosa** (p. 75), parmi les boutiques et ateliers d'artisan de Lange Reihe, puis consacrez une heure ou deux au **musée des Arts et Métiers** (p. 77). Accordez-vous une pause déjeuner au **Café Koppel** (p. 75).

Après un café ou un cocktail au bar **a.mora** (p. 80), direction le **musée des Beaux-Arts de Hambourg** (en photo ; p. 40). Vous louerez ensuite une barque à **Segelschule Pieper** (p. 77).

Traversez l'Aussenalster jusqu'à Sankt Pauli pour dîner au **Clouds** (p. 113) et flâner sur la Reeperbahn. Puis plongez dans la frénésie nocturne du quartier et profitez de quelques bières au **Zur Ritze** (p. 114) ou au **Zum Silbersack** (p. 105), suivies d'un concert de jazz au **Mojo Club** (p. 118) ou d'une soirée clubbing au **Molotow** (p. 116).

Jour 3

TILMAN EHRCKE/SHUTTERSTOCK ©

Jour 4

PANTHER MEDIA GMBH/ALAMY ©

Arpentez Neustadt, les boutiques et restaurants de Wexstrasse et faites halte au **Public Coffee Roasters** (p. 61) avant d'aborder le **musée Johannes Brahms** (p. 61), le **quartier des Compositeurs** (p. 61), **Krameramtswohnungen** (p. 63) et la flèche de l'**église Saint-Michel** (en photo ; p. 58). Terminez par un déjeuner à l'**Old Commercial Room** (p. 65).

Dans la Speicherstadt, ne manquez pas le **Miniatur Wunderland** (p. 90), le **musée des Entrepôts** (p. 93) et le **Musée maritime international** (p. 88). Le soir, à l'occasion d'un concert, cap sur la **Philharmonie de l'Elbe** (p. 86). Dînez au **Fischerhaus** (p. 113). De retour à Sankt Pauli, choisissez parmi les établissements le **Golden Pudel Club** (p. 114), l'**Indra Club** (p. 115) ou le **Lunacy** (p. 105).

Altona est sans doute le quartier de Hambourg le plus agréable pour passer la matinée : petit-déjeuner au **Mikkels** (p. 125), vue panoramique depuis le **Balcon d'Altona** (p. 128) et déjeuner à l'**Atlantik Fisch** (p. 132) ou au **Von Der Motte** (p. 131).

Rejoignez en S-Bahn le quartier commerçant de Neustadt pour un après-midi de shopping en profitant des élégants cafés sous les arcades et au bord des canaux.

À 18h, participez à l'amusant **circuit Beatles** (p. 110) au départ de la station Feldstrasse. Vous pourrez ensuite vous restaurer au **Nil** (p. 114) ou au **Brachmanns Galeron** (p. 113), puis aller écouter un concert au **Knust** (en photo ; p. 120) ou danser jusqu'à l'aube au **Uebel und Gefährlich** (p. 117), aménagé dans un ancien bunker.

Les basiques

Reportez-vous au *Carnet pratique* (p. 141) pour plus de détails

Population
1,8 million

Monnaie
Euro (€)

Langue
Allemand

Argent
On trouve des DAB un peu partout. Les cartes bancaires sont largement acceptées, mais prévoyez quand même du liquide.

Heure locale
GMT/UTC + 1 heure (+ 2 heures en été).

Formalités
Simple carte d'identité ou passeport pour les ressortissants de l'UE et de la Suisse. Passeport en cours de validité (mais pas de visa) pour les Canadiens séjournant moins de 90 jours.

Téléphone portable
Pour les voyageurs européens il n'y a pas de frais d'itinérance.

Budget quotidien
Moins de 100 €
Nuit en auberge de jeunesse ou chambre privée : 20-40 €
Repas bon marché : jusqu'à 8 €
Musées : 0-10 €

100-200 €
Appartement ou chambre double : 60-100 €
Repas de 3 plats dans un bon restaurant : 30-40 €
Deux bières dans un pub ou *biergarten* : 8 €

Plus de 200 €
Appartement chic ou chambre double en hôtel haut de gamme : à partir de 150 €
Déjeuner ou dîner dans un grand restaurant : 100 €
Place de concert ou d'opéra : 50-150 €

À prévoir

Trois mois avant Réservez votre hôtel pour avoir plus de choix et de meilleurs tarifs. Consultez le programme des concerts de la Philharmonie de l'Elbe (p. 86).
Un mois avant Retenez au Die Bank (p. 67) ou au Clouds (p. 113), deux tables prestigieuses, surtout si vous séjournez à Hambourg un week-end.
Une semaine avant Réservez une visite guidée comme le circuit Beatles (p. 110) ou le Hamburg Touren (p. 111).

Arriver à Hambourg

✈ Depuis/vers l'aéroport de Hambourg

La ligne S1 du S-Bahn relie directement l'aéroport au centre-ville (25 minutes ; 3,30 €).
Le trajet en taxi (20-30 €) prend environ 30 minutes, davantage aux heures de pointe.

🚆 Depuis Hamburg Hauptbahnhof

La gare centrale se trouve au cœur de la ville et non loin à pied de nombreux hôtels. Sinon, empruntez le métro (3,30 €).

Comment circuler

La taille étendue de Hambourg ne permet pas d'aller partout à pied,

mais le système de transports publics s'avère excellent.

🚆 Métro et train

Des lignes de métro (U-Bahn) et de trains de banlieue (S-Bahn) signalées par des codes couleurs sillonnent la ville. Il s'agit du moyen de locomotion le plus pratique, notamment depuis/vers l'aéroport.

🚲 Vélo

Hambourg se prête très bien au cyclotourisme et nombre d'endroits louent des vélos.

🚌 Bus

Un vaste réseau de bus couvre Hambourg. Mieux vaut toutefois planifier son itinéraire quand on ne connaît pas la ville.

🚕 Taxi

Assez cher mais utile pour les gens pressés et/ou chargés de bagages.

Préparer son séjour Les basiques

Les quartiers de Hambourg

Altona et l'Elbmeile (p. 123)

Une zone résidentielle très prisée au bord de l'Elbe, où abondent les bars et restaurants de quartier.

Marché au poisson

Sankt Pauli et la Reeperbahn (p. 101)

Haut lieu des nuits hambourgeoises, Sankt Pauli englobe le fameux quartier chaud autour de la Reeperbahn ainsi que le nord du port.

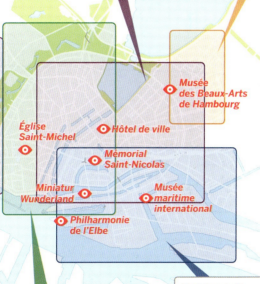

**Altstadt
(Vieille ville ; p. 37)**
Bien que largement reconstruit après la dernière guerre, le vieux Hambourg évoque l'âge d'or des marchands de la Hanse.

Sankt Georg (p. 73)
Le quartier le plus alternatif et artistique de la ville, partiellement boboïsé, où se concentre l'essentiel de la scène gay.

Musée des Beaux-Arts de Hambourg

Église Saint-Michel

Hôtel de ville

Mémorial Saint-Nicolas

Miniatur Wunderland

Musée maritime international

Philharmonie de l'Elbe

Neustadt (p. 57)
Le secteur le plus élégant de Hambourg, riche en musées, en boutiques haut de gamme et cafés au bord du canal Alsterfleet.

Speicherstadt et HafenCity (p. 85)
La première est un ensemble pittoresque de vieux entrepôts en brique restaurés, la seconde un nouveau quartier encore en chantier créé quasi ex nihilo.

Explorer
Hambourg

Explorer ⊗

Altstadt (Vieille ville)

Altstadt, le cœur du vieux Hambourg, regroupe des édifices splendides, des églises vertigineuses et un magnifique hôtel de ville. En outre, il offre un choix sous-estimé de fabuleux restaurants pour tous les budgets, ainsi que de bonnes adresses pour le shopping et d'excellents bars. Si les hébergements ne sont pas légion, vous passerez et repasserez néanmoins par ce quartier.

Commencez la journée par un petit-déjeuner au Café Paris (p. 45) et une promenade au bord de l'eau. Une bonne partie du reste de la journée sera consacrée aux grands sites, dont l'hôtel de ville (p. 42), le musée des Beaux-Arts (p. 40), la Chilehaus (p. 45), le Chocoversum (p. 48) et le mémorial Saint-Nicolas (p. 38). Réservez ce dernier pour la fin afin de l'associer à une balade, un café et un repas dans la Deichstrasse (p. 45). Faites en sorte de rallier le lac inférieur en fin d'après-midi ou en début de soirée, à l'heure où les habitants rentrent chez eux et les touristes prennent le ferry.

Comment y aller et circuler

Ⓤ et Ⓢ Les stations Mönckebergstrasse (ligne U3) et Rathaus (U3) figurent toutes deux au cœur de la vieille ville. Jungfernstieg (lignes S1, S2, S3, U1, U2 et U3), Hauptbahnhof-Süd (U1 et U3) et Hauptbahnhof-Nord (U2 et U4) sont des carrefours clés à la lisière du quartier. Parmi les autres stations notables, citons Messberg (U1), Steinstrasse (U1) et Rödingsmarkt (U3).

Plan d'Altstadt p. 46

Les incontournables
Mémorial Saint-Nicolas

À la fois captivant et vertigineux, cet édifice à moitié en ruine est l'un des sites les plus emblématiques de Hambourg. Il abrite un formidable musée consacré aux ravages de la guerre et il offre l'une des plus belles vues de la ville depuis le sommet de sa flèche. Cette alliance d'un passé douloureux et d'une perspective enivrante confère au mémorial Saint-Nicolas (Mahnmal St-Nikolai) tout son cachet.

◉ PLAN P. 46, C5
☏ 040-371 125
www.mahnmal-st-nikolai.de
Willy-Brandt-Strasse 60
adulte/enfant 5/3 €
◷ 10h-18h mai-sept,
10h-17h oct-avr
Ⓤ Rödingsmarkt

Architecture et histoire

Débutée en 1195, la construction de l'église Saint-Nicolas nécessita des décennies. En revanche, quelques minutes suffirent en 1943 pour la réduire en poussière. Aussi inimaginable que cela puisse paraître aujourd'hui, St Nikolai fut un temps le plus haut bâtiment du monde, de 1874 à 1876. Aujourd'hui encore, elle reste le deuxième édifice de Hambourg par la taille (après la tour de la télévision, visible au loin vers le nord). En 1943, des bombardements alliés détruisirent l'ensemble de l'édifice, à l'exception de sa flèche. Ce qui a subsisté est à la fois magnifique et profondément émouvant.

Musée de la Guerre

Au sous-sol, juste à côté du hall d'entrée (jadis le principal sanctuaire de l'édifice), une exposition met l'accent sur trois événements de la Seconde Guerre mondiale : le bombardement allemand de Coventry en 1940, la destruction de Varsovie par les Allemands et l'opération Gomorrhe de 1943, qui donna lieu à trois jours et trois nuits de raids aériens anglo-américains sur Hambourg, tuant 35 000 habitants et réduisant en cendres une grande partie du centre.

Plateforme panoramique

Temps fort de la visite pour de nombreux visiteurs, un ascenseur vitré mène à la plateforme d'observation (perchée à 76 m de haut) aménagée dans la flèche. La vue sur le centre-ville, qui permet de remettre les ravages de la guerre en perspective, est aussi panoramique qu'époustouflante. De là-haut, Hambourg révèle son visage de ville d'eau, tandis que la vue sur le port – tout en bateaux et silhouettes – est contrebalancée par l'apparition de la futuriste Philharmonie de l'Elbe, dont on peine à détacher les yeux.

★ À savoir

o L'église Saint-Nicolas reste ouverte malgré les échafaudages – vous ne seriez pas les premiers à rebrousser chemin en pensant qu'elle est fermée !

o Arrivez dès l'heure d'ouverture – les files d'attente peuvent être longues et l'ascenseur accueille un nombre limité de personnes.

o Si vous souhaitez voir Hambourg sous son meilleur jour, venez juste avant le crépuscule pour admirer la lumière dorée qui baigne la ville.

✗ Une petite faim ?

Flânez jusqu'à la charmante Deichstrasse pour goûter l'un des meilleurs cafés de la ville, servi au Nord Coast Coffee Roasters (p. 54).

Pour quelque chose de plus consistant, adonnez-vous à la passion locale pour la pomme de terre au Kartoffelkeller (p. 51).

Les incontournables 📷

Musée des Beaux-Arts de Hambourg

La Hamburger Kunstalle est le plus prestigieux musée d'art de Hambourg et l'un des plus remarquables du pays. Si l'accent est largement mis ici sur l'art allemand, notamment du Moyen Âge, ses galeries renferment une belle série d'œuvres de maîtres internationaux. La collection d'art contemporain est aussi extraordinaire que les pièces plus anciennes, l'ensemble étant mis en valeur par une architecture stupéfiante.

📍 PLAN P. 46, F1

📞 040-428 131 200

www.hamburger-kunsthalle.de

Glockengiesserwall

adulte/enfant 14 €/ gratuit, 🕙10h-18h mar, mer et ven-dim, 10h-21h jeu

Ⓤ Hauptbahnhof-Nord

Grands maîtres

Dès le point de départ chronologique de la collection, le ton est donné. Parmi les nombreux triptyques religieux et autres pièces d'art sacré, quelques grands noms se détachent (confirmant ainsi le fait que le musée ne se limite pas aux peintres allemands) : Lucas Cranach le Jeune, Goya, Rubens et Tiepolo, pour n'en citer que quelques-uns.

Art du XIXe siècle

Âge d'or de l'art européen, le XIXe siècle est représenté ici par nombre de ses hérauts. Aux côtés de peintres allemands comme Caspar David Friedrich et Max Liebermann, la distribution fait une large place aux artistes français : Edgar Degas, Édouard Manet, Claude Monet et Auguste Rodin. Parmi les œuvres les plus célèbres, citons les *Jeunes baigneurs bretons* de Gauguin et *Le Voyageur contemplant une mer de nuages* de Friedrich.

Modernisme classique

Cette galerie couvre la période allant de la fin du XIXe siècle-début du XXe siècle aux années 1970, époque marquée par une rupture nette avec les traditions artistiques du passé. On y trouve une impressionnante sélection de peintres, dont Francis Bacon, Max Ernst, Paul Klee, Edvard Munch et Pablo Picasso. Pour illustrer le stupéfiant éclectisme stylistique, citons La *Madone* de Munch et la *Révolution du viaduc* de Klee.

Galerie d'Art contemporain

Avec la Galerie der Gegenwart, un bâtiment cubique et épuré de 1997, la collection d'art contemporain a trouvé son écrin idéal. Elle recèle des œuvres de Rebecca Horn, Georg Baselitz et Gerhard Richter, ainsi que de grands noms internationaux comme David Hockney, Jeff Koons, Tracey Emin et Andy Warhol.

★ À savoir

o Le musée est fermé le lundi. Si c'est la seule journée que vous passez à Hambourg… eh bien revenez !

o Soyez à l'affût des expositions itinérantes : souvent les plus prestigieuses passent par ce haut-lieu de l'art.

o Le musée propose des horaires prolongés et des tarifs réduits le jeudi soir ; mais il y a parfois foule.

o L'entrée coûte 10 € avec la Hamburg Card (p. 150), au lieu de 14 € ; elle est gratuite avec le Hamburg City Pass (p. 150).

✕ Une petite faim ?

Ahoi by Steffen Henssler (p. 50), situé à 10 minutes du musée, a cet avantage de proposer à la fois une restauration rapide et des plats servis à table.

Les amateurs de *Currywurst* adoreront le Mö-Grill (p. 50), situé à tout juste 10 minutes à pied du musée.

Les incontournables
Hôtel de ville

Avec sa façade dorée et son spectaculaire plafond à caissons, l'hôtel de ville (Rathaus) de Hambourg est l'un des plus somptueux d'Europe. Fait assez inhabituel, la façade néo-Renaissance et l'intérieur baroque sont tout aussi splendides. L'endroit se découvre dans le cadre d'une visite guidée de 40 minutes, qui parcourt une faible part des 647 salles.

⊙ PLAN P. 46, D3
☏ 040-428 3124
Rathausmarkt 1
visites adulte/-14 ans 5 €/ gratuit ; ttes les 30 min 11h-16h lun-ven, 10h-17h sam, 10h-16h dim
Ⓤ Rathausmarkt, Jungfernstieg,
Ⓢ Jungfernstieg

La façade

En dépit du style néo-Renaissance de la façade, l'hôtel de ville date seulement de la fin du XIXe siècle. L'édifice richement orné se marie parfaitement avec les bâtiments voisins de Neustadt. Dominée par un clocher de 112 m de haut, la façade brille par son balcon où figurent Hammonia, la divinité tutélaire de Hambourg, et le blason de la ville.

L'entrée

L'entrée principale, au portail ouvragé en fer forgé, est coiffée d'un plafond soutenu par une dizaine de colonnes en grès. Remarquez les portraits des sommités hambourgeoises aux murs, ainsi que l'escalier en marbre de Sicile.

La salle de l'Empereur

La salle de l'Empereur (Kaisersaal), parmi les plus sacrées du lieu, fut ainsi baptisée pour commémorer la visite de Guillaume II en 1895. La fresque au plafond est stupéfiante et le mur au revêtement en cuir, insolite. La salle de la Tour adjacente sert encore pour des cérémonies.

Les autres salles

La salle du Phénix doit son nom à l'oiseau légendaire qui figure au-dessus de l'âtre, symbolisant la renaissance de Hambourg après le grand incendie de 1842. Dans la chambre du Sénat, il n'y a pas de fenêtres mais un toit vitré qui permet à la lumière d'affluer ; la coutume allemande voulait que les membres du Conseil se rencontrent uniquement à ciel ouvert.

La Grande Salle

La plupart des circuits se terminent par la Grande Salle, joyau du majestueux hôtel de ville. Longue de presque 50 m, cette salle de bal est ornée de vastes tableaux qui relatent 1 200 ans d'histoire hambourgeoise.

★ À savoir

○ La plupart des visites se font en allemand, mais l'anglais et le français sont envisageables en cas de demande suffisante – essayez de constituer un petit groupe.

○ Le petit matin est le meilleur moment pour photographier la façade, baignée d'une lumière dorée ; l'après-midi, elle se retrouve à l'ombre.

○ La plupart des visites font le plein, mais la première de la journée est parfois un peu plus calme.

✖ Une petite faim ?

Parmi les plus anciens restaurants de poisson de la ville, le Daniel Wischer (p. 51), à portée de vue de l'hôtel de ville, propose des repas à table et des *fish and chips* à emporter.

Si l'élégant Café Paris (p. 45) convient à tout moment de la journée, le petit-déjeuner reste son point fort.

Promenade à pied 🚶

Au cœur du vieux Hambourg

S'il fallait citer la caractéristique première du vieux Hambourg, qui concentre tout ce qui fait la ville sans qu'aucune typologie de quartier n'en ressorte, ce serait sa capacité à célébrer son patrimoine. En matière de gastronomie ou d'architecture, Altstadt préserve les traditions pour la ville tout entière.

La promenade

Départ Chilehaus ; **S** Messberg

Arrivée Gröninger Privatbrauerei ; **U** Messberg

Distance 1,5 km

❶ Chilehaus

La **Chilehaus** (☎ 040-349 194 247 ; www.chilehaus.de ; Fischertwiete 2), l'un des plus beaux édifices de Hambourg, est le joyau du quartier Kontorhaus, inscrit au patrimoine de l'Unesco. La "maison du Chili" (1924) évoque un paquebot, avec ses murs incurvés se rejoignant pour former la proue d'un navire et ses balcons aux airs de ponts. Un bel exemple d'architecture expressionniste allemande, parmi les autres bâtiments en brique à proximité.

❷ Laufauf

Bastion de la cuisine du nord de l'Allemagne et de Hambourg, le **Laufauf** (☎ 040-326 626 ; www. laufauf.de ; Kattrepel 2 ; plats 10,50-16 € ; ☺ 12h-22h lun-sam) est une institution locale. Le *Pannfisch* (poisson frit), les *Bratheringe* (harengs frits) et le *Labskaus* (ragoût de viande, de poisson et de pommes de terre avec des betteraves) sont particulièrement savoureux. L'endroit est décontracté et la clientèle majoritairement locale.

❸ Hamburger SV City Store

Les fans du Hambourg SV, le plus prestigieux club de football de la ville, fileront dans ce **magasin** (☎ 040-4155 1887 ; www.hsv.de/de/fanshop/fanshops ; Schmiedestrasse 2 ; ☺ 10h-19h lun-ven, 10h-16h sam) d'Altstadt pour rapporter une relique. Ils y trouveront des maillots, des écharpes et divers autres souvenirs.

❹ Café Paris

Occupant une ancienne boucherie (1882) aux spectaculaires murs carrelés et un salon Art déco attenant, cette **brasserie** (☎ 040-3252 7778 ; www.cafeparis. net ; Rathausstrasse 4 ; plats 15-26 € ; ☺ 9h-23h30 lun-ven, 9h30-23h30 sam-dim) élégante et décontractée propose des classiques de la cuisine française. Le petit-déjeuner pour deux est un vrai festin.

❺ Deichstrasse

C'est dans la **Deichstrasse** que le grand incendie de 1842 s'est déclenché. On y trouve quelques maisons du XVIIIe siècle restaurées dont la plupart abritent aujourd'hui des restaurants. La rue permet de se faire une idée de l'ancien canal et du quartier des marchands de l'époque.

❻ Alt Hamburger Aalspeicher

Avec ses multiples bibelots et son service chaleureux, ce **restaurant** (☎ 040-362 990 ; www.aalspeicher.de ; Deichstrasse 43 ; plat 13-27 € ; ☺ 12h-23h mer-dim) aménagé dans un bâtiment vieux de 400 ans, au bord du canal, évoque la cuisine d'*Oma* (grand-mère). L'anguille fumée fait partie des spécialités.

❼ Gröninger Privatbrauerei

Prenez un verre dans l'une des plus anciennes **brasseries** (☎ 040-570 105 100 ; www.groeninger-hamburg.de ; Willy Brandt Strasse 47 ; ☺ 11h-minuit lun-ven, 17h-minuit sam, 15h-22h dim) de Hambourg. Goûtez le jarret de porc, servi avec de la couenne rissolée.

N 0 200 m

Rubriques

⊙	Les incontournables	p. 38
⊙	À voir	p. 48
✗	Se restaurer	p. 50
☕	Prendre un verre	p. 53
✦	Sortir	p. 54
🛍	Shopping	p. 54

Grosse Theaterstr

Colonnaden

Neuer Jungfernstieg

Ⓤ Gänsemarkt

Gänsemarkt

Jungfernstieg

ABC Str

Hohe Bleichen

Jungfernstieg
Ⓤ

Fuhlentwiete

Hanseviertel

Grosse Bleichen

Jungfernstieg
Ⓢ

Kaiser-Wilhelm-Str

NEUSTADT

Bleichenbrücke

Bleichenfleet

Adolfsbrücke

Poststr

13

23

Wexstr

5

Rathausmarkt

Hamburg Walks

Alsterfleet

Alter Steinweg

Neuer Wall

Alter Wall

Rathaus

Grosse Johannisstr

16

Rathausstr

11

**Hôtel
de ville**

Schauenburgerstr

Stadthausbrücke
Ⓢ

Graskeller

Borsenbrücke

**ALTSTADT
(VIEILLE VILLE)**

4 Ludwig-Erhard-Str

Rödingsmarkt
Ⓤ

Grosser Burstah

Trostbrücke

Trostbrücke

**Mémorial
Saint-Nicolas**
⊙

Stubbenhuk

Herrengraben

Alsterfleet

21

Rödingsmarkt

Deichstr

18

10

12

15

Katherinenstr

Cremon

Schaartor

Kajen

Baumwall

Hohe
Brücke

Bei den Mühren

Neuer
Wandrahm

Baumwall
Ⓤ

Kehrwieder

SPEICHERSTADT

E F G H

Lombardsbrücke

ST GEORG

Holzdamm

Lange Reihe

1

*Musée
des Beaux-Arts
de Hambourg*

Glockengiesserwall

Kirchenallee

Binnenalster

20

Ernst-Merck-Str

Hachmannplatz

Ballindamm

Ferdinandstr

Raboisen

Lilienstr

**Hauptbahnhof-
Nord** **Bremer
Reihe**

2

22

Alstertor

Rosenstr

Hermannstr

Gare centrale **Hauptbahnhof**

**Hauptbahnhof-
Süd**

Steintorplatz

8

Spitalerstr

Steintorwall

19

3 Galerie
Commeter

6 **Mönckebergstr**

Mönckebergstr

Kurt-Schumacher-
Allee

3

Jakobikirchhof

Steinstr

Steinstr

U

Steinstr

Speersort

17

Zweiradperle

4

Burchardstr

Altstädterstr

Johanniswall

Domstr

Kattrepel

7

Burhardplatz

Schopenstehl

Niedernstr

Steinstr **U**

4

Kleine Reichenstr

9

Kingberg

Pumpen

1 *Chocoversum*

Deichtorplatz

Messberg

U

Willy-Brandt-Str

U
Messberg

Brandstwiete

Dovenfleet

Oberbaumbrücke

Poggenmühlenbrücke

Deichtorstr

14

Zippelhaus

Alter Wandrahm

2 *Deichtorhallen*

5

St. Annenufer

Oberhafenbrüke

Brooktorkai

Stockmeyerstr

6

HAFENCITY

Koreastr

E F G H

Altstadt (Vieille ville)

Voir

Le vieux Hambourg est aussi l'épicentre de la ville actuelle. La richesse de la cité, largement rebâtie après 1945, apparaît quand on flâne parmi ses institutions civiques et commerciales. À l'époque hanséatique, c'est ici que se trouvaient, au bord des canaux, les riches négociants et leurs entrepôts.

Les grands sites sont dispersés un peu partout. Même si ce quartier n'est pas le plus étendu, comptez de 15 à 20 minutes de marche pour aller de la Hamburger Kunsthalle à la Deichstrasse. Cette dernière se combine aisément avec le mémorial Saint-Nicolas, tandis que le reste est à proximité de l'eau.

Chocoversum
MUSÉE

1 ⊙ PLAN P. 46, F4

Ce musée ludique propose une visite guidée de 1 heure 30 à travers l'univers du cacao et permet de concevoir sa propre barre chocolatée. Les enfants adorent. (☎ 040-4191 2300 ; www.chocoversum.de ; Messberg 1 ; adulte/enfant 12/10 € ; visite en allemand ou en anglais ⊙ 10h-18h ; Ⓤ Messberg)

Deichtorhallen
GALERIE

2 ⊙ PLAN P. 46, G5

Deux halles en brique magnifiquement restaurées, datant de 1911 et 1913, accueillent de prestigieuses expositions d'art contemporain et de photographie. (Maison de l'art contemporain, Maison de la photographie ; ☎ 040-321 030 ; www.

Chocoversum

Le camp de concentration de Hambourg

En 1938, les nazis transformèrent une usine en brique, à 25 km au sud-est de Hambourg, en camp de concentration. Pendant 7 ans, des milliers de personnes y furent emprisonnées. Au moins 42 900 d'entre elles périrent, assassinées ou victimes des terribles conditions de vie. Des expositions relatent l'Holocauste dans la région et le pays. Seuls quelques bâtiments ont subsisté. Pour rallier le **KZ-Gedenkstätte Neuengamme** (mémorial du camp de concentration de Neuengamme ; ☎040-428 131 500 ; www.kz-gedenkstaette-neuengamme.de ; Jean-Dolidier-Weg 75 ; accès libre ; ◷9h30-16h lun-ven, 12h-19h sam-dim avr-sept, 12h-17h sam-dim oct-mars), prenez le S-Bahn jusqu'à Bergedorf, puis le bus n°227 ou 327 (1 heure environ, 8,10 €).

Bien moins connu que d'autres camps, Neuengamme n'est devenu un mémorial officiel qu'en 2005, après la fermeture des prisons du site. La banalité du cadre, au milieu de vastes plaines arables, ajoute à l'horreur. Prenez le temps d'explorer l'endroit, de lire les plaques explicatives et de découvrir les nombreuses expositions à l'intérieur des bâtiments encore debout. Complétez votre visite avec celle de la **Bullenhuser Damm Schule** (école Bullenhuser Damm ; ☎040-428 1310 ; www.kz-gedenkstaette-neuengamme.de ; Bullenhuser Damm 92-94 ; accès libre ; ◷10h-17h dim ; Ⓢ Rothenburgsort), à Hambourg, annexe du camp de Neuengamme.

---

deichtorhallen.de ; Deichtorstrasse 1-2 ; adulte/enfant 10 €/gratuit ; ◷11h-18h mar-dim ; Ⓢ Steinstrasse)

Galerie Commeter   MUSÉE D'ART

3 PLAN P. 46, E3

Fondé en 1821, ce musée privé est le plus ancien de Hambourg. Il offre une bonne sélection de peintures, d'œuvres graphiques, de sculptures et de photographies contemporaines. (☎040-326 321 ; www.commeter.de ; Bergstrasse 11 ; accès libre ; ◷11h-18h mar-ven, 11h-16h sam ; Ⓤ Rathaus)

Zweiradperle   VÉLO

4 PLAN P. 46, G4

Locations de vélos (avec casques et cadenas) et circuits. L'itinéraire de 3 heures est une bonne introduction à la ville. Sur place : un agréable café et quantité d'infos sur le cyclotourisme. Succursale à Sankt Pauli. (☎040-3037 3474 ; www.zweiradperle.hamburg ; Altstädter Strasse 3-7 ; location à partir de 14 €/jour, circuit incluant la location à partir de 25 € ; ◷10h-18h tlj avr à mi-oct, 11h-18h mar-ven, 11h-15h sam mi-oct à mars, circuit 10h30 tlj ; Ⓤ Steinstrasse)

Hamburg Walks CIRCUITS À PIED

5 🎯 PLAN P. 46, D3

Ces circuits couvrent l'essentiel d'Altstadt en 3 heures, avec une foule de précisions historiques et d'anecdotes locales. (www. hamburgwalks.de ; Schleusenbrücke 1 ; tarif plein/réduit 14/12 € ; visites en allemand ou en anglais ⏰10h30 lun, mer et ven-dim ; Ⓢ Rathaus, Jungfernstieg)

Se restaurer

De nombreux restaurants de l'Altstadt accueillent une clientèle de banquiers et d'employés de bureau. Il existe d'autres alternatives, dans la Deichstrasse, jalonnée de vieux édifices évocateurs – chose rare par ici malgré le nom du quartier.

Les spécialités locales constituent un thème récurrent, faisant de l'Altstadt un secteur fabuleux pour tester la cuisine régionale. Notez aussi la poignée de restaurants haut de gamme où les touristes côtoient les gastronomes locaux.

Mö-Grill ALLEMAND €

6 ❌ PLAN P. 46, F3

De loin, on sent déjà le parfum du curry et on aperçoit la foule massée devant ce très populaire "fast-food" allemand. Les habitants sont unanimes : la *Currywurst* (saucisse au curry) du Mö-Grill – et de sa deuxième échoppe juste en face – est la meilleure du monde. (Mönckebergstrasse 11 ; plats à partir de 4 € ; ⏰10h-19h ; Ⓤ Mönckebergstrasse)

Deichgraf

Goot
ALLEMAND €

7 PLAN P. 46, F4

Des déjeuners à base de produits régionaux de qualité, servis dans un cadre décontracté. Soupes végétariennes, salades et sandwichs à la viande rôtie. Demandez une table en terrasse. (040-6730 6171 ; www.goot-hamburg.de ; Depenau 10 ; plats 7-10 € ; 11h30-16h ; Messberg)

Ahoi by Steffen Henssler
INTERNATIONAL €€

8 PLAN P. 46, F3

Le chef Steffen Henssler s'est taillé une belle réputation grâce à ses sushis. Il prépare aussi des burgers, et des *Currywürste*. Excellent *fish and chips* (5,90 €) servi au rez-de-chaussée. (040-6466 0560 ; www.ahoibysteffenhenssler.de ; Spitalerstrasse 12 ; plats à partir de 9,50 € ; 12h-21h lun-sam ; Mönckebergstrasse)

Perle
ALLEMAND ET INTERNATIONAL €€

9 PLAN P. 46, F4

Logé au sein d'une jolie maison, ce restaurant propose le midi en-cas et plats du jour. Le soir, on y sert l'une des meilleures *Wiener Schnitzel* (escalopes viennoises) de la ville. Cuisine allemande pour l'essentiel, avec quelques incursions vers le bœuf argentin et les sauces au curry. (040-5701 6297 ; www.perle-restaurant.de ; Hopfensack 26 ; plats 9-25 € ; 11h30-15h et 18h-21h ; Messberg)

Kartoffelkeller
ALLEMAND €€

10 PLAN P. 46, C5

Le Kartoffelkeller cultive sa passion pour la pomme de terre, déclinée en galette (*Kartoffelpuffer*), en robe des champs (*Pellkartoffel*) ou en boulettes (*Kartoffelknödel*). Très bon... mais au risque de ne plus pouvoir souffrir la vue d'une *Kartoffel*. (040-365 585 ; www.kartoffelkeller-hamburg.de ; Deichstrasse 21 ; plats 6-16 € ; 12h-22h jeu-mar ; Rödingsmarkt)

Daniel Wischer
PRODUITS DE LA MER €€

11 PLAN P. 46, D4

Chez Daniel Wischer, on sert du poisson de qualité depuis les années 1920. Une adresse fabuleuse pour un repas rapide ou plus consistant. À part le poisson grillé, on y propose un fantastique *fish and chips* et l'un des meilleurs *Fischbrötchen* (sandwichs au poisson) de Hambourg. (040-3609 1988 ; www.danielwischer.de ; Grosse Johannisstrasse 3 ; plats 6,50-17 € ; 11h-21h lun-sam ; Steinstrasse)

Deichgraf
ALLEMAND €€€

12 PLAN P. 46, B5

Donnant sur l'eau d'un côté et sur la rue de l'autre, ce restaurant excelle dans les spécialités hambourgeoises de haut vol. Les plats de saison sont préparés en majorité avec des produits de la région. Le *Labskaus* (ragoût de viande, poisson et pomme de terre) est excellent. (040-364 208 ; www.deichgraf-hamburg.de ;

Découvrir la vile comme un authentique Hambourgeois

Cette ville maritime offre un choix incroyable d'excursions en bateau et pourtant, les habitants vous diront qu'il est inutile de réserver une croisière pour découvrir le port – les **ferries municipaux** vous permettront de remonter le fleuve pour le prix d'un ticket ordinaire et vous épargneront du même coup les commentaires !

Prenez par exemple le ferry n°62 de Landungsbrücken jusqu'à Finkenwerder, puis le n°64 jusqu'à Teufelsbrücke. De là, vous pourrez flâner vers l'est au bord de l'Elbe jusqu'à Neumühlen, avant de prendre le bus n°112 jusqu'à la station de S-Bahn d'Altona ou le ferry n°62 jusqu'à Landungsbrücken.

Sur terre, la ligne de métro U3 est particulièrement pittoresque, avec ses voies surélevées entre les stations Sankt Pauli et Rathaus.

Deichstrasse 23 ; plats 15-26 € ; 🕑12h-15h et 17h30-22h lun-ven, 17h30-22h sam ; Ⓤ Rödingsmarkt)

Se7en Oceans PRODUITS DE LA MER €€€

13 PLAN P. 46, D3

Cet établissement au sommet du centre commercial Europa Passage s'avère formidable avec sa vue sur l'Alster, son bar à sushis, son bistrot et son restaurant pour fins gourmets. Les menus du restaurant sont excellents ; la carte du bistrot est moins inventive. (📞040-3250 7944 ; www.se7en-oceans.de ; Ballindamm 40, 3e ét., Europa Passage ; restaurant menu 5/7 plats 99/119 €, menus déj 33-55 €, plats bistrot 9-25 € ; 🕑11h-minuit ; Ⓤ Jungfernstieg, Ⓢ Jungfernstieg)

Fillet of Soul FUSION €€€

14 PLAN P. 46, G5

Ici, la cuisine fusion est une philosophie et les plats de viande sont une spécialité – les carnivores adoreront l'Oldenburger, du bœuf vieilli à sec. Côté influences figurent l'Espagne et le Japon. En dessert, testez la mousse au chocolat blanc avec carpaccio d'ananas et sorbet au mojito. (📞040-7070 5800 ; www.fillet-of-soul.de ; Deichtorstrasse 2 ; plats déj 10-14 €, plats dîner 17-45 € ; 🕑12h-minuit mar-sam, 12h-22h dim ; Ⓤ Steinstrasse, Messberg)

Trific ALLEMAND, INTERNATIONAL €€€

15 PLAN P. 46, C5

Parmi les établissements les plus créatifs de Hambourg, le Trific propose une petite carte axée sur les produits de saison. Lors de notre visite, elle comportait un tartare de bœuf avec une mayonnaise à la truffe, et un quasi de veau rôti. Cadre charmant et service de qualité. (📞040-4191 9046 ; www.trific.de ; Holzbrücke 7 ; plats 19-27 €, menu 3/4 plats 37/43 € ; 🕑12h-15h et 18h-23h lun-ven, 18h-23h sam ; Ⓤ Rödingsmarkt)

Prendre un verre

Altstadt n'est pas le secteur le plus vivant de Hambourg à la nuit tombée. Néanmoins, la vieille ville recèle quelques très bonnes adresses, notamment un bar à cocktails sélect et l'une des plus anciennes brasseries de la ville.

Le Lion   BAR À COCKTAILS

16 🍷 PLAN P. 46, D3

De loin le bar le plus raffiné et le plus sélect de Hambourg. S'il y a de la place, et si vous êtes bien habillé, on vous laissera entrer dans ce paradis du cocktail – goûtez le Gin Basil Smash, la spécialité maison. (📞040-334 753 780 ; www.lelion.net ; Rathausstrasse 3 ; 🕐18h-3h lun-sam, 18h-1h dim ; Ⓤ Rathaus)

Biergarten Speersort   BIERGARTEN

17 🍷 PLAN P. 46, E4

Ce *Biergarten* de style bavarois, domine l'un des rares espaces verts du centre, et ses tables en terrasse en font l'endroit idéal pour siroter une bière au soleil. (📞040-2788 0060 ; www.hofbraeu-wirtshaus.de ; Speersort 1 ; 🕐10h-1h dim-jeu, 10h-2h ven-sam ; Ⓤ Mönckebergstrasse, Messberg)

Nord Coast Coffee Roasters   CAFÉ

18 🍷 PLAN P. 46, C5

Représentant de la nouvelle gamme de torréfacteurs de Hambourg, le Nord Coast a un cadre charmant dans la Deichstrasse, reverse une partie

Festivités du Hafengeburtstag (p. 55)

de ses profits à des projets sociaux et sert un très bon café. (☎040-3609 3499 ; www.nordcoast-coffee.de ; Deichstrasse 9 ; ☺9h-18h lun-ven, 10h-18h sam-dim)

Nachtasyl
CLUB

19 🚇 PLAN P. 46, E3

Bastion de la vie nocturne hambourgeoise, l'"asile de nuit" rime avec bons DJ et clientèle mêlant habitants et touristes. On vient y passer un agréable moment chaque soir de la semaine. (☎040-3281 4207 ; Alstertor 1-5 ; entrée gratuit-15 € ; ☺19h-tard)

Sortir

Cascadas
CONCERTS

20 ⭐ PLAN P. 46, F1

L'une des meilleures scènes locales en dehors de Sankt Pauli, le Cascadas propose des concerts quotidiens – soul, jazz, funk, musique latino ou caribéenne, blues, etc. Début des concerts vers 20h ; consultez le site pour plus d'infos. (www.cascadas.club ; Ferdinandstrasse 12 ; 0-10 € ; ☺19h-tard)

Shopping

Dans Altstadt, on trouve un peu de tout en matière de shopping. La grande galerie marchande Europa Passage recèle des dizaines de marques allemandes et internationales. Sinon, il existe aussi une poignée de boutiques et de magasins spécialisés dans des endroits plus discrets. À

l'ouest de la Hauptbahnhof, dans la Spitalerstrasse et dans la Mönckebergstrasse (surnommée "Mö") vous attendent les grands magasins et les enseignes grand public.

Sleeping Dogs
ARTICLES POUR LA MAISON

21 🔒 PLAN P. 46, B5

Bien sûr, ce stupéfiant magasin concept vend des articles pour la maison, signés de designers locaux ou de stars internationales. Mais la forme compte ici autant que le fond – on se croirait dans une galerie d'art. Côté articles, le choix va du minimalisme scandinave au classique vintage. (☎040-3861 4044 ; www.sleepingdogs.de ; Rödingsmarkt 20 ; ☺11h-19h lun-ven, 11h-16h sam ; Ⓤ Rödingsmarkt)

Dr Götze Land & Karte
LIVRES

22 🔒 PLAN P. 46, E2

Un énorme choix de guides et de cartesuilletez la planète. (☎040-357 4630 ; www.landundkarte.de ; Alstertor 14-18 ; ☺10h-19h lun-ven, 10h-18h sam, 13h-18h dim ; Ⓤ Mönckebergstrasse, Jungfernstieg, Ⓢ Jungfernstieg)

Thalia Bücher
LIVRES

23 🔒 PLAN P. 46, D3

Parmi les plus grandes librairies de Hambourg, à l'intérieur de la galerie marchande Europa Passage, ce Thalia (représentant de la chaîne éponyme)

Festivals de Hambourg

Hafengeburtstag

Principal rendez-vous du calendrier hambourgeois, cette **fête** (anniversaire du port ; www.hamburg.de/hafengeburtstag ; ⊘début mai) de trois jours commémore l'exonération douanière accordée à Hambourg par l'empereur Barberousse. Une célébration festive avec concerts, fêtes foraines et bière à foison.

Fêtes de rue

Au printemps, les fêtes de quartier fleurissent. Une fois les rues fermées à la circulation, des *food trucks* débarquent, des groupes montent sur scène et des marchés aux puces s'installent parfois. La fête commence avec l'**Osterstrasse Street Festival** à Elmsbüttel, suivi par le **Stadtfest St Georg** en mai.

Hamburg Pride

La **gay pride** (Christopher Street Day ; www.hamburg-pride.de) de Hambourg se déroule sur une semaine à la fin juillet et/ou début août, avec quantité de manifestations musicales, de défilés et une ambiance festive dans le quartier de Sankt Georg.

MS Dockville

À la mi-août, ce trépidant **festival de musique** (www.msdockville. de/festival) investit Wilhelmsburg, sur la rive sud de l'Elbe, avec plus d'une centaine de musiciens connus ou en devenir, venus d'Allemagne et d'ailleurs. Des œuvres d'artistes émergeants sont également exposés.

Hamburg Filmfest

Le **Festival du film** (www.filmfesthamburg.de ; ⊘oct) de Hambourg, qui a lieu 10 jours durant en octobre, propose aussi bien des productions art et essai que des films documentaires.

Marchés de Noël

À partir de la fin novembre, de nombreux marchés de Noël envahissent toute la ville. Difficile de manquer ces rendez-vous festifs, tels ceux de Jungfernstieg, d'Altstadt, de l'hôtel de ville ou de Sankt Pauli.

compte une sélection de livres internationaux. Vous pourrez en profiter aussi pour admirer la vue sur l'Alster. (☑040-3095 4980 ; www.thalia.de ; Ballindamm 40, 1er ét., Europa Passage ; ⊘10h-20h lun-sam)

Explorer ✦
Neustadt

Quand il fait beau à Hambourg, peu d'endroits sont aussi agréables que la ville nouvelle (Neustadt) pour se promener, passer la journée à faire du shopping, visiter quelques sites intéressants et profiter de restaurants de qualité.

Commencez votre exploration sur la Jungfernstieg, qui donne sur le bassin du Binnenalster et permet de jouir d'une vue imprenable sur les vieux bâtiments de la ville. Passez la matinée à flâner au fil des belles arcades et des promenades le long du canal. Puis quittez la foule et explorez l'ouest de Neustadt pour découvrir les boutiques et les restaurants de la Wexstrasse et du Grossneumarkt (p. 61). Faites une halte pour visiter deux institutions musicales, le musée Johannes Brahms (p. 61) et le Komponisten-Quartier (p. 61). Organisez votre soirée de manière à assister à un spectacle au Staatsoper (p. 69) ou à la Laeiszhalle (p. 69). Enfin, faites un dernier détour au bord de l'eau pour apprécier la majesté d'un Hambourg sous les lumières.

Comment y aller et circuler

La marche est le moyen le plus facile de se rendre à Neustadt et d'y circuler.

U et S Neustadt compte quelques stations pratiques, surtout Jungfernstieg (lignes S1, S2, S3, U1, U2 et U3), et ses correspondances pour toute la ville. Citons également Gänsemarkt (ligne U2), Stadthausbrücke (S1, S2 et S3) et Rödingsmarkt (U3).

Plan de Neustadt p. 62

Jungfernstieg (p. 65) BILDAGENTUR-ONLINE/JOKO/ALAMY ©

Les incontournables 📷
Église Saint-Michel

St Michaelis Kirche, "Der Michel" comme on la surnomme ici – est l'un des sites emblématiques de Hambourg. Plus grande église protestante baroque du nord de l'Allemagne, elle domine la ville. Montez dans son clocher (par l'escalier ou en ascenseur) pour profiter d'une vue splendide sur Hambourg et ses canaux. L'église elle-même mérite également la visite.

◎ PLAN P. 62, A4

www.st-michaelis.de
Englische Planke 1
clocher adulte/enfant
5/3,50 €, crypte 4/2,50 €,
billet combiné 7/4 €,
église uniquement 2 €
🕐 9h-19h30 mai-oct,
10h-17h30 nov-avr
Ⓤ Rödingsmarkt

Architecture et histoire

La plus grande église de Hambourg est la troisième à se dresser ici. L'église originale construite entre 1647 et 1669 fut détruite en 1750 par la foudre. Reconstruite en 1786, elle fut à nouveau partiellement détruite par un incendie en 1906, puis par les bombardements en 1944. C'est cette version rénovée que l'on peut visiter aujourd'hui. Son clocher culmine à 132 m de hauteur et sert depuis toujours à l'orientation des bateaux sur l'Elbe.

Le clocher

Pour rallier la plateforme d'observation perchée à 83 m d'altitude, les plus sportifs graviront les 453 marches. Les autres se rabattront sur l'ascenseur ultrarapide. Le panorama est splendide et le point de vue sur le port, avec la Philharmonie de l'Elbe dans toute sa majesté, particulièrement mémorable.

L'horloge qui orne le clocher mesure 8 m de diamètre, ce qui en fait la plus grande de son genre en Allemagne

Le sanctuaire

L'intérieur de l'église, de style baroque luthérien, est vaste, lumineux et assez dépouillé, comme le veut la tradition protestante. Il peut contenir 2 500 personnes. Ses cinq orgues sont renommées dans le monde entier.

La crypte

C'est ici que reposent près de 2 500 célébrités, dont le compositeur Carl Philipp Emanuel Bach (fils de Jean-Sébastien). La crypte servit d'abri antiaérien durant la Seconde Guerre mondiale. Aujourd'hui, elle accueille les messes (la congrégation toujours plus clairsemée serait perdue à l'étage) et des concerts, ainsi qu'une exposition multimédia sur l'histoire de la ville.

★ À savoir

o Si vous souhaitez accéder au clocher sans faire la queue, venez dès l'ouverture, avant l'arrivée des cars de touristes.

o Les photographes privilégieront la fin de journée – vue du clocher, Hambourg est alors baignée d'une lumière dorée féerique.

o Consultez la météo avant de venir – on ne prend guère de plaisir là-haut par temps froid et humide.

✗ Une petite faim ?

Pour vous installer autour d'un bon repas et goûter une cuisine hambourgeoise traditionnelle, sortez par le portail principal de l'église et traversez la rue pour rejoindre l'Old Commercial Room (p. 65).

Une courte marche de 5 à 10 minutes vers le nord vous conduira au Thämer's (p. 61), un formidable bar de quartier à la cuisine honorable, sur le Grossneumarkt.

Promenade à pied 🚶

L'ouest de Neustadt

*Neustadt est surtout renommé pour ses
magasins. Mais, pour sentir vraiment battre
le cœur de la ville nouvelle, filez à l'ouest vers
la Wextrasse et alentour, où vous attendent
une paisible vie de quartier et deux musées
passionnants consacrés à de grands musiciens
qui ont fait la renommée de Hambourg.*

La promenade

Départ Musée
Johannes Brahms ;
Ⓢ Stadthausbrücke,
Ⓤ St Pauli

Arrivée Anne Zimmer ;
Ⓢ Stadthausbrücke

Distance 450 m

❶ Musée Johannes Brahms

La maison natale du grand compositeur Johannes Brahms (1833-1897) a été détruite en 1943, mais ce beau **bâtiment** (Johannes Brahms Museum ☏040-4191 3086 ; www.brahms-hamburg.de ; Peterstrasse 39 ; adulte/enfant 5 €/gratuit, billet combiné avec le Komponisten-Quartier 7 € ; ☾10h-17h mar-dim) du XVIIIe siècle en est un excellent substitut. Toutes sortes de souvenirs d'origine relatifs à Brahms y sont exposés.

❷ Komponisten-Quartier

Ce captivant **musée** (☏040-636 078 82 ; www.komponistenquartier.de ; Peterstrasse 29-39 ; adulte/enfant 5 €/gratuit ; ☾10h-17h mar-dim) célèbre les compositeurs de musique classique qui vécurent et travaillèrent à Hambourg, notamment Felix Mendelssohn, Gustav Mahler et Carl Philipp Emanuel Bach.

❸ Pelikan Apotheke

Cette **pharmacie** (Grossneumarkt 37 ; ☾8h30-18h30 mar-ven, 8h30-13h sam), qui a conservé de nombreux détails d'époque, est en activité depuis 1656.

❹ Grossneumarkt

Jadis épicentre de Neustadt, cette vaste place verdoyante est plutôt calme de nos jours. Elle s'anime néanmoins les jours de marché, le mercredi et le samedi (8h30-13h30) ; les *food trucks* qui s'y installent valent à eux seuls le déplacement.

❺ Thämer's

Le verdoyant Grossneumarkt permet une décontraction bienvenue à Neustadt. Installé sur la place depuis des décennies, le **Thämer's** (☏040-345 077 ; www.thaemers.de ; Grossneumarkt 10 ; plats 8-19 € ; ☾12h-minuit) sert une copieuse cuisine allemande et des burgers ; excellente carte des bières.

❻ Zum Spätzle

Spécialisé dans les *Spätzle* (pâtes aux œufs) et les *Maultaschen* (raviolis), toutes deux originaires de Souabe, le **Zum Spätzle** (☏040-3573 9516 ; www.zumspaetzle.de ; Wexstrasse 31 ; plats à partir de 8,90 € ; ☾12h-22h) est idéal pour goûter les plats régionaux d'Allemagne.

❼ Public Coffee Roasters

Les amateurs de caféine apprécieront l'ambiance calme et décontractée de ce lieu, ainsi que ses excellents cafés sortis tout droit de l'**atelier de torréfaction** (www.publiccoffeeroasters.com ; Wexstrasse 28 ; ☾8h30-18h lun-ven, 10h30-17h sam-dim ; Ⓢ Stadthausbrücke).

❽ Anne Zimmer

Avec ses bijoux et ses articles pour la maison faits main, cette petite **boutique** (☏040-5577 5447 ; www.annezimmer.de ; Wexstrasse 28 ; ☾11h-19h mar-ven, 11h-16h sam) offre un délicieux contrepoint aux marques internationales de luxe qui dominent à Neustadt.

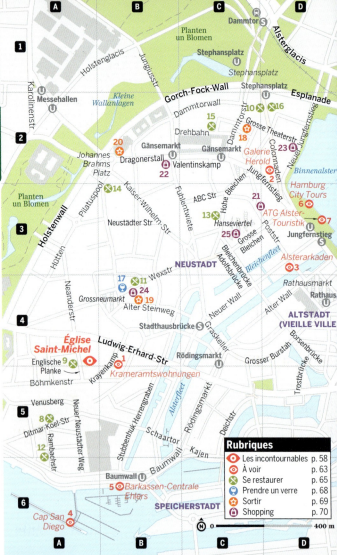

Dammtor

Alsterglacis

Planten un Blomen

Stephansplatz

Stephansplatz

Holstenglacis

Karolinenstr

Junglusstr

Messehallen

Kleine Wallanlagen

Gorch-Fock-Wall

Stephansplatz

Esplanade

Dammtorwall

Dammtorstr

15

Drehbahn

10 16

Grosse Theaterstr

Neuer Jungfernstieg

20

Gänsemarkt

Johannes Brahms Platz

Dragonerstall

Valentinskamp

Gänsemarkt

18

Colonnaden

23

Galerie Herold

Planten un Blomen

Holstenwall

Platuspool

14

Kaiser-Wilhelm-Str

22

Fuhlentwiete

ABC-Str

Hohe Bleichen

Jungfernstieg

2

Binnenalster

Hamburg City Tours

Neustädter Str

13

Hanseviertel

21

ATG Alster-Touristik

Hütten

25

Grosse Bleichen

Poststr

7

Jungfernstieg

NEUSTADT

Bleichenbrücke

Adolfsbrücke

Bleichenfleet

Alsterarkaden

Wexstr

Neuer Wall

Alter Wall

3

Rathausmarkt

17

11

Grossneumarkt

24

19

Alter Steinweg

Neanderstr

Stadthausbrücke

Graskeller

Rathaus

ALTSTADT (VIEILLE VILLE)

Alter Wall

Borsenbrücke

Église Saint-Michel

Ludwig-Erhard-Str

Rödingsmarkt

Grosser Burstah

Trostbrücke

Englische Planke

9

1

Krayenkamp

Krameramtswohnungen

Böhmkenstr

Venusberg

Neuer Neustädter Weg

Stubbenhuk

Herrengraben

Alsterfleet

Rödingsmarkt

Deichstr

8

Ditmar-Koel-Str

Schaartor

Kajen

12

Rambachstr

Baumwall

Baumwall

5

Barkassen-Centrale Ehlers

SPEICHERSTADT

N 0 — 400 m

Cap San Diego

4

Rubriques

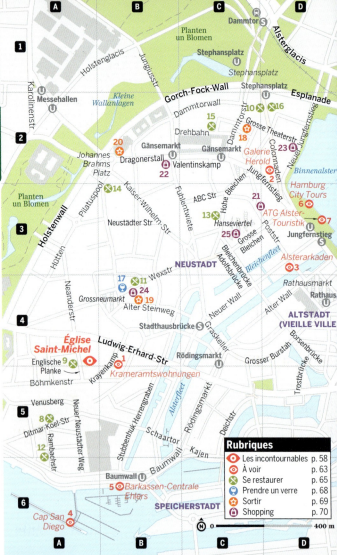	Les incontournables	p. 58
	À voir	p. 63
	Se restaurer	p. 65
	Prendre un verre	p. 68
	Sortir	p. 69
	Shopping	p. 70

Voir

Neustadt prolonge Alstadt harmonieusement dans le secteur chic du Binnenalster. On y trouve les Alsterarkaden (p. 64), d'élégantes arcades marchandes. Quand on s'éloigne de l'eau, les sites majeurs se font rares, à l'exception de l'église Saint-Michel (p. 58) au sud, du Grossneumarkt (p. 61) à l'ouest, et des beaux musées consacrés à la musique classique à proximité.

Krameramtswohnungen

ÉDIFICE HISTORIQUE

1 ◉ PLAN P. 62, B4

Dans une ruelle non loin du Krayenkamp 10, les Krameramtswohnungen,

de minuscules maisons à colombages du XVIIe siècle abritèrent pendant près de 200 ans, les veuves des membres de la guilde des petits commerçants. Aujourd'hui, on y trouve des boutiques et des restaurants, ainsi qu'un petit musée (ouvert l'été uniquement) consacré à leur histoire. (Krayenkamp 10 ; Ⓢ Stadthausbrücke)

Galerie Herold

MUSÉE D'ART

2 ◉ PLAN P. 62, D2

Ce petit musée consacrée à l'expressionisme du nord de l'Allemagne mérite une halte si vous êtes dans le secteur. (☎040-478 060 ; www.galerie-herold.de ; Colonnaden 5 ; ⏱11h-18h mar-ven ; Ⓤ Stephansplatz, Jungfernstieg, Ⓢ Jungfernstieg)

Krameramtswohnungen

Alsterarkaden ÉDIFICE HISTORIQUE

3 🎯 PLAN P. 62, D3

Les Alsterarkaden, des arcades de style Renaissance, abritent des boutiques et des cafés au bord du canal Alsterfleet. C'est ici que se retrouvent les dames de Hambourg pour le déjeuner. (près de la Poststrasse ; **S** Jungfernstieg)

Cap San Diego SITE HISTORIQUE

4 🎯 PLAN P. 62, A6

La visite de ce cargo de 10 000 tonnes (1961) permet de se faire une idée de la navigation, lorsqu'on pouvait parcourir le monde à un rythme plus tranquille. Expositions temporaires. (📞 040-364 209 ; www.capsandiego. de ; Überseebrücke 1 ; adulte/enfant 7/2,50 € ; 🕐 10h-18h ; **U** Baumwall)

Barkassen-Centrale Ehlers CROISIÈRES

5 🎯 PLAN P. 62, B6

Visites du port de 1 ou 2 heures, circuits au fil des canaux et excursions à bord de bateaux historiques. (📞 040-319 916 170 ; www.barkassen-centrale.de ; Vorsetzen-Angleger ; croisières adulte/enfant à partir de 20/10 € ; **U** Baumwall)

Hamburg City Tours CIRCUITS

6 🎯 PLAN P. 62, D3

Partez en croisière sur le lac d'Alster à bord du plus ancien bateau à vapeur d'Allemagne, le *St Georg* (1876). Quatre départs par jour depuis l'embarcadère de la Jungfernstieg. (📞 040-181 300 410 ; adulte/enfant 14 €/gratuit ; 🕐 mars-oct ; **U** Jungfernstieg, **S** Jungfernstieg)

Lac de Binnenalster

ATG
Alster-Touristik
CROISIÈRES

7 PLAN P. 62, D3

Propose un circuit au fil des neuf embarcadères du lac (montée et descente à votre guise). Quantité d'autres itinéraires sont proposés – la découverte des canaux est très intéressante. En hiver, seul le *winterlichen Alsterrundfahrt* est programmé.(040-3574 2419 ; www.alstertouristik.de ; embarcadère de Jungfernstieg ; croisières adulte/ enfant à partir de 15/7,50 € ; avr- oct ; S Jungfernstieg)

Se restaurer

Neustadt compte une majorité de restaurants haut de gamme, dont quelques-unes des tables les plus prisées de la ville. Guettez les cafés de luxe sous les Alsterarkaden (p. 64) et la Colonnaden.

Plus en retrait du bord de l'eau on trouve quantité d'options plus abordables, particulièrement dans la rue piétonne Colonnaden (à l'ouest du Binnenalster) et dans la Wexstrasse, à l'extrémité ouest de Neustadt ; cette dernière rue compte de formidables petites adresses sans prétention. Enfin, les *food trucks* font partie des figures incontournables du marché du mercredi sur le Grossneumarkt (p. 61).

Cafe Sul
CAFÉ €

8 PLAN P. 62, A5

À bonne distance des établissements de poisson frit

hyper fréquentés du quartier du port, le "café du sud" mérite son nom. La partie avant de l'établissement est ouverte sur la rue. Excellents petits- déjeuners et menus de tapas. (040-3179 7486 ; www. cafe-sul.de ; Ditmar-Koel-Strasse 10 ; plats 4-9 € ; 8h-minuit ; U Baurnwall)

Old Commercial Room
ALLEMAND €€

9 PLAN P. 62, A4

En activité depuis 1795, ce splendide bastion traditionnel situé en face de l'église Saint-Michel propose l'un des meilleurs *Labskaus* (ragoût de viande en saumure, de poisson, de betteraves rouges marinées et de pommes de terres) de Hambourg. Certes, l'endroit est touristique, mais la nourriture y est excellente. (040-366 319 ; www. oldcommercialroom.de ; Englische Planke 10 ; plats 13-35 € ; 12h- minuit ; U Rödingsmarkt)

Johannes Brahms

Si le milieu musical hambourgeois devait élire son symbole le plus précieux, il est fort probable qu'il choisirait Johannes Brahms (1833-1897). Ce natif de Hambourg, baptisé en l'église Saint-Michel, fait en effet partie des "trois grands B" de la musique classique, avec Bach et Beethoven.

Le jeune Johannes naît dans la musique – à son arrivée à Hambourg, son père, musicien, commence par de petits engagements, avant de jouer de la contrebasse au sein du Hamburg Stadttheater et de la Philharmonie. Brahms donne son premier concert à 10 ans, avant de composer sa première pièce, une sonate pour piano en sol mineur, à peine deux ans plus tard.

Pour autant, Brahms ne sera pas toujours prophète en son pays. En 1862, il n'est pas nommé chef d'orchestre de la Philharmonie, poste qu'il convoite mais n'occupera jamais – lorsqu'on le lui proposera enfin 30 ans plus tard, il le refusera en raison d'autres engagements. Au fil de son existence, il noue des liens d'amitié avec ses collègues Antonín Dvořák, Gustav Mahler et Johan Strauss le jeune, et passe une grande partie de son temps à Vienne.

Parmi ses œuvres maîtresses figurent ses symphonies et son très populaire *Concerto pour piano n°2*. Au total, il composera deux sérénades, quatre symphonies, deux concertos pour piano (*n°1* en ré mineur et *n°2* en si bémol majeur), un concerto pour violon, un concerto pour violon et violoncelle, ainsi que de nombreuses pièces de musique de chambre et de musique chorale – dans ce dernier registre, *Un requiem allemand* est considéré comme l'une de ses plus belles créations. Hélas, de nombreuses œuvres de jeunesse ont aujourd'hui disparu – victimes du perfectionnisme absolu de leur auteur.

En 1889, huit ans avant de succomber à un cancer, Brahms est fait citoyen d'honneur par sa ville natale.

Hamburger Fischerstube

ALLEMAND €€

 10 ❌ PLAN P. 62, D2

Comme tous les habitants des villes portuaires, les Hambourgeois affichent une passion immodérée pour les plats de poisson. Cet établissement à l'ancienne, où l'on sert des plats locaux et sans chichis, est l'occasion idéale de les tester. Le poisson, légèrement pané ou grillé, et la salade de pommes de terre maison figurent parmi les spécialités de l'endroit. (☎040-3571 6380 ; Colonnaden 49 ; plat 11-23 € ; ⏱11h-minuit ; Ⓤ Stephansplatz)

Trattoria Da Enzo ITALIEN €€

11 🍴 PLAN P. 62, B4

Nappes à carreaux, chaises en bois et cuisine italienne authentique caractérisent ce restaurant méditerranéen intimiste. Outre les pâtes préparées à la perfection, nous avons adoré les antipasti, les salades et le carpaccio. Les amateurs de poisson prendront sans hésiter le turbot. (☎040-3571 3366 ; www.trattoria-enzo.de ; Wexstrasse 34 ; plats 11-23 € ; ☺12h-15h et 18h-23h30 lun-ven, 18h-23h30 sam ; ⑤Stadthausbrücke)

Lusitano PORTUGAIS €€

12 🍴 PLAN P. 62, A6

Situé dans l'ancien quartier portugais de Hambourg, ce petit restaurant met à l'honneur les saveurs de la Méditerranée. Si les saucisses épicées et les pâtes réchauffent l'âme, la cuisine de la mer reste la vedette incontestée de la maison. Commandez les gambas à la James Brown – de roboratives crevettes aillées aussi explosives que le parrain de la soul. Réservez. (☎040-315 841 ; Rambachstrasse 5 ; plats 8-20 € ; ☺12h-23h ; ⓤBaurnwall)

Die Bank BRASSERIE €€€

13 🍴 PLAN P. 62, C3

Logé dans le splendide cadre *Jugendstil* (Art nouveau) d'une banque de 1897, ce restaurant fréquenté par tout le gratin local est l'un des plus réputés de Hambourg. Le chef Thomas Fischer, déjà récompensé par une étoile au Michelin en

Johannes Brahms Museum (p. 61)

d'autres lieux, y concocte une cuisine légère et créative. La carte évolue au gré des saisons. (📞040-0238 0030 ; www.diebank-brasserie.de ; Hohe Bleichen 17 ; plat 19-35 € , menu à partir de 39 € ; ⏱12h-16h30 et 17h30-22h30 lun-sam ; Ⓤ Jungfernstieg, Gänsemarkt, Ⓢ Jungfernstieg)

Marblau
MÉDITERRANÉEN €€€

14 🍴 PLAN P. 62, B3

On peut certes commander une pizza ici, mais le Marblau est surtout connu pour son inventive cuisine méditerranéenne fusion. Le cadre mêle le rétro et le contemporain, ce qui résume bien la philosophie d'un lieu fidèle à la tradition mais tourné vers l'avenir. (📞040-226 161 555 ; www.marblau.de ; Poolstrasse 21 ; plats 12-26 € ; ⏱12h-15h et 17h-minuit lun-ven, 17h-23h sam, 12h30-15h et 17h-23h dim ; Ⓤ Gänsemarkt)

[m]eatery
STEAKS €€€

15 🍴 PLAN P. 62, C2

Niché au sein d'une paisible ruelle dans le nord de Neustadt, le [m]eatery mérite bien son nom ("meat" pour viande, "eatery" pour restaurant) avec ses steaks considérés par beaucoup comme les meilleurs de la ville. Sinon, on peut aussi commander du poisson et des salades, voire un plat végétarien à l'occasion. Cadre ultramoderne. (📞040-3099 9595 ; www.meatery.de ; Drehbahn 49 ; plats 15-33 € ; ⏱12h-22h lun-ven, 15h-22h sam-dim ; Ⓤ Gänsemarkt)

Matsumi
JAPONAIS €€€

16 🍴 PLAN P. 62, D2

Dans ce restaurant au 2e étage, l'expert en sushis Hideaki Morita prépare une excellente cuisine japonaise. Outre les sushis, découvrez les teriyaki (grillades), les tempura et le *washinabe* (un ragoût de poisson et de légumes servi bouillonnant) et explorez la carte des sakés. (📞040-343 125 ; www.matsumi.de ; Colonnaden 96 ; plats à partir de 14 € ; ⏱12h-14h30 et 18h30-23h mar-sam ; Ⓤ Stephansplatz)

Prendre un verre

Les raisons de s'attarder à Neustadt ne manquent pas, notamment le soir. Cela dit, les terrasses des cafés et des bars proches de l'eau sont souvent hors de prix et surtout fréquentées par les touristes. De bien meilleures options vous attendent dans les quartiers voisins d'Altstadt et de Sankt Pauli.

Herr Buhbe
BAR

17 🍺 PLAN P. 62, B4

Logé dans l'une des plus anciennes caves à vin de Hambourg et affilié au Thämer's (p. 61) à l'étage, ce bar est une bonne option dans un quartier assez pauvre en la matière. On y trouve quantité de bières à la pression, une carte des vins correcte proposant essentiellement des crus français et allemands, ainsi que des spiritueux de qualité à des prix abordables. (📞040-346 689 ; Wexstrasse 42 ; ⏱18h-tard lun-sam ; Ⓢ Stadthausbrücke)

Sortir

Staatsoper
OPÉRA

18 ⭐ PLAN P. 62, C2

Le Staatsoper fait partie des Opéras les plus réputés au monde. Au fil de ses 325 années d'existence, il a connu des chefs d'orchestre tels que Gustav Mahler et Karl Böhm. (☎040-356 868 ; www.hamburgische-staatsoper.de ; Grosse Theaterstrasse 25 ; ◷billetterie 10h-18h lun-sam, plus 1 heure 30 avant les spectacles ; Ⓤ Stephansplatz)

Cotton Club
JAZZ

19 ⭐ PLAN P. 62, B4

Malgré ses nombreux déménagements, le plus ancien club de jazz de Hambourg continue de distiller du jazz de qualité, avec parfois du blues. Début des concerts à 20h30. (☎040-343 878 ; www.cotton-club.de ; Alter Steinweg 10 ; 8 € ; ◷20h-minuit lun-jeu, 20h-1h ven-sam, 11h-14h30 dim ; Ⓢ Stadthausbrücke)

Laeiszhalle
MUSIQUE CLASSIQUE

20 ⭐ PLAN P. 62, B2

Construit en 1908, la Laeiszhalle a longtemps été l'adresse hambourgeoise de prédilection pour assister à des concerts de musique classique et à des opéras. Bien que cette fonction soit aujourd'hui dévolue à l'extraordinaire Elbphilharmonie, ce splendide édifice néobaroque continue d'offrir une belle programmation de concerts classiques. (☎040-346 920 ; www.elbphilharmonie.de/en/laeiszhalle ; Johannes-Brahms-Platz ; Ⓢ Messehallen)

Neustadt Sortir

Die Bank (p. 67)

DIRK RENCKHOFF/ALAMY ©

Shopping

Neustadt est l'un des meilleurs secteurs de Hambourg pour faire ses emplettes. Dans les rues élégantes au sud du Binnenalster, les marques de luxe internationales côtoient les magasins de chaîne comme Zara ou H&M. Les boutiques haut de gamme sont situées dans le triangle formé par la Jungfernstieg, la Fuhlentwiete et la Neuer Wall.

Par ailleurs, Neustadt compte deux excellents fournisseurs de vins et de produits alimentaires. À l'ouest, notamment vers la Wexstrasse, guettez les petites échoppes vendant des bijoux artisanaux et des articles pour la maison. Citons enfin l'excellent marché bihebdomadaire, le Grossneumarkt (p. 61).

Mutterland
ÉPICERIE FINE

21 🔒 PLAN P. 62, C3

À la "mère patrie", on trouve à manger (confitures, chocolats, etc.) et à boire (testez le Monkey 47 Schwarzwald Dry Gin, distillé par Black Forest). Une offre extraordinaire dans un magasin dont on peine à sortir sans avoir dépensé une fortune. (📞040-3500 4360 ; www.mutterland.de ; Poststrasse 14-16 ; 🕐8h-20h lun-ven, 9h-20h sam ; Ⓤ Jungfernstieg, Ⓢ Jungfernstieg)

Geigenbau Winterling
INSTRUMENTS DE MUSIQUE

22 🔒 PLAN P. 62, B2

Dans cette ville dotée d'une longue tradition en la matière, les amateurs de musique classique viendront ici en pèlerinage. On y trouve

Staatsoper (p. 68)

de beaux instruments à cordes, dont quelques pièces historiques restaurées sur place. Un endroit pour connaisseurs – aux prix élevés – et qui fait partie du paysage musical de Hambourg depuis 1890. (📞040-352 904 ; www.geigenbau-winterling.de ; Valentinskamp 34 ; 🕙10h-18h30 mar-ven ; 🚇Gänsemarkt)

Apropos the Concept Store

MODE ET ACCESSOIRES

23 🔒 PLAN P. 62, D2

Parfaitement à son aise à côté du somptueux **Fairmont Vier Jahreseiten Hamburg** (📞040-3494 3151 ; www.hvj.de ; Neuer Jungfernstieg 9-14 ; ch à partir de 285 € ; ❄🛜🏊 ; 🚇Stephansplatz), ce concept store de luxe rassemble un beau catalogue de marques d'élite – dont Gucci, Manolo Blahnik et Valentino. Le cadre est aussi raffiné que les accessoires. (📞040-280 087 750 ; www.apropos-store.com ; Neuer Jungfernstieg 16 ; 🕙10h-19h lun-sam ; 🚇Stephansplatz)

Tobias Strauch Weinkontor

VIN

24 🔒 PLAN P. 62, B4

Tobias Strauch, célèbre expert culinaire de Hambourg, connaît son affaire en matière de vin. Son choix minutieux de crus essentiellement européens est parmi les meilleurs qui soient. (📞040-226 161 544 ; www.tobias-strauch.de ; Wexstrasse 35 ; 🕙12h-20h lun-ven, 11h-18h sam ; 🇸Stadthausbrücke)

Hanse CD Im Hanse Viertel

MUSIQUE

25 🔒 PLAN P. 62, C3

Dans cette exquise petite boutique coincée entre des enseignes très chics, on vend surtout des CD et des DVD de classique et de jazz, parmi lesquels des raretés. (📞040-340 561 ; www.hanse-cd.de ; Grosse Bleichen 36 ; 🕙10h-19h lun-ven, 10h-16h sam ; 🚇Jungfernstieg, 🇸Jungfernstieg)

Explorer

Sankt Georg

Sankt Georg est comme un microcosme de Hambourg. Son artère principale, Lange Reihe, recèle de fabuleux restaurants et bars, et il y règne une véritable effervescence, qu'on doit largement à la dynamique communauté gay de la ville. Dans l'extrême sud du quartier, l'environnement est nettement plus sordide. La population toujours plus cosmopolite de Hambourg façonne le nouveau visage de Sankt Georg.

Commencez votre exploration par le musée des Arts et Métiers (p. 77), la principale curiosité du secteur. Ensuite, c'est dans la très animée Lange Reihe que vous passerez l'essentiel de votre temps. De là, des rues plus tranquilles remontent vers l'Aussenalster, le lac extérieur. Pour un aperçu de Sankt Georg, une demi-journée vous suffira probablement.

Comment y aller et circuler

Presque tout à Sankt Georg est accessible à pied depuis la gare centrale (Hauptbahnhof) ; les hôtels et auberges de jeunesse se concentrent en majorité autour de la gare, à la pointe sud-ouest du quartier. U Si vous venez par le métro, les stations Hauptbahnhof-Süd (lignes U1 et U3) et Hauptbahnhof-Nord (U2 et U4) sont les plus pratiques.

Plan de Sankt Georg p. 76

Promenade à pied 🚶

Sankt Georg, quartier alternatif et bohème

Sankt Georg est une fenêtre ouverte sur un autre Hambourg. Nouveau bastion multiculturel et cœur de la scène gay de la ville, ce quartier est parfois âpre et décalé. Sa pièce maîtresse est la Lange Reihe ; la parcourir en totalité permet de s'immerger dans la communauté locale.

La promenade

Départ Hansaplatz ;
Ⓤ Hauptbahnhof-Nord

Arrivée Bar M&V ;
Ⓤ Hauptbahnhof-Nord

Distance 1 km

❶ Hansaplatz

L'embourgeoisement généralisé de Sankt Georg a même touché la Hansaplatz, autrefois passablement sordide. Cette place centrale, complètement rénovée et rendue piétonne en 2011, a pour pièce maîtresse une fontaine. Achevée en 1878, elle est ornée de figures importantes de l'histoire de Hambourg, comme l'empereur Constantin le Grand ou Charlemagne, et surmontée d'une figure représentant la puissance de la Ligue hanséatique.

❷ Café Gnosa

Avec sa boulangerie, le **Café Gnosa** (📞040-243 034 ; Lange Reihe 93 ; plats 7-14 € ; ⏱10h-1h) attire une sympathique clientèle gay et hétéro. Les vitres incurvées donnent à l'endroit une touche Art déco. À noter la terrasse extérieure et le petit-déjeuner servi quotidiennement jusqu'à 16h – idéal pour qui a bien profité de la vie nocturne de Hambourg la veille. Il y a toujours foule et c'est justifié.

❸ Koppel 66

Probablement la meilleure galerie de boutiques d'art et d'artisanat de Hambourg, **Koppel 66** (📞040-386 419 30 ; www.koppel66.de ; Koppel 66 ; ⏱11h-18h lun-ven, 11h-16h sam) propose de jolis articles – chapeaux, savons, plumes et bijoux artisanaux, tous faits à la main.

❹ Café Koppel

Logé en retrait de l'animée Lange Reihe, au sein de la galerie Koppel 66, ce **café** (📞040-249 235 ; www.cafe-koppel. de ; Koppel 66 ; plats 5-10 € ; ⏱10h-23h ; 🖊) végétarien est une oasis raffinée (avec jardin d'été). La carte évoque une publicité pour les terres fertiles du nord de l'Allemagne, avec ses viennoiseries, ses salades et ses soupes du jour à base d'ingrédients de saison.

❺ Wochenmarkt

Ce **marché équitable** (www. oeko-wochenmarkt.de/maerkte/ st-georg ; Carl-von-Ossietzky Platz ; ⏱14h-18h30 ven) – articles bio de petits producteurs, etc. – confère une touche sympathique aux vendredis après-midi au cœur de Sankt Georg. Il a parfois lieu le vendredi matin.

❻ Bar M&V

Dans ce vénérable et majestueux **bar** (📞040-2800 6973 ; www. mvbar.de ; Lange Reihe 22 ; ⏱17h-2h) de Sankt Georg superbement restauré, la carte des boissons a des airs de catalogue de designer. Installez-vous dans l'une des alcôves en bois et profitez de la joyeuse compagnie, véritable échantillon du quartier.

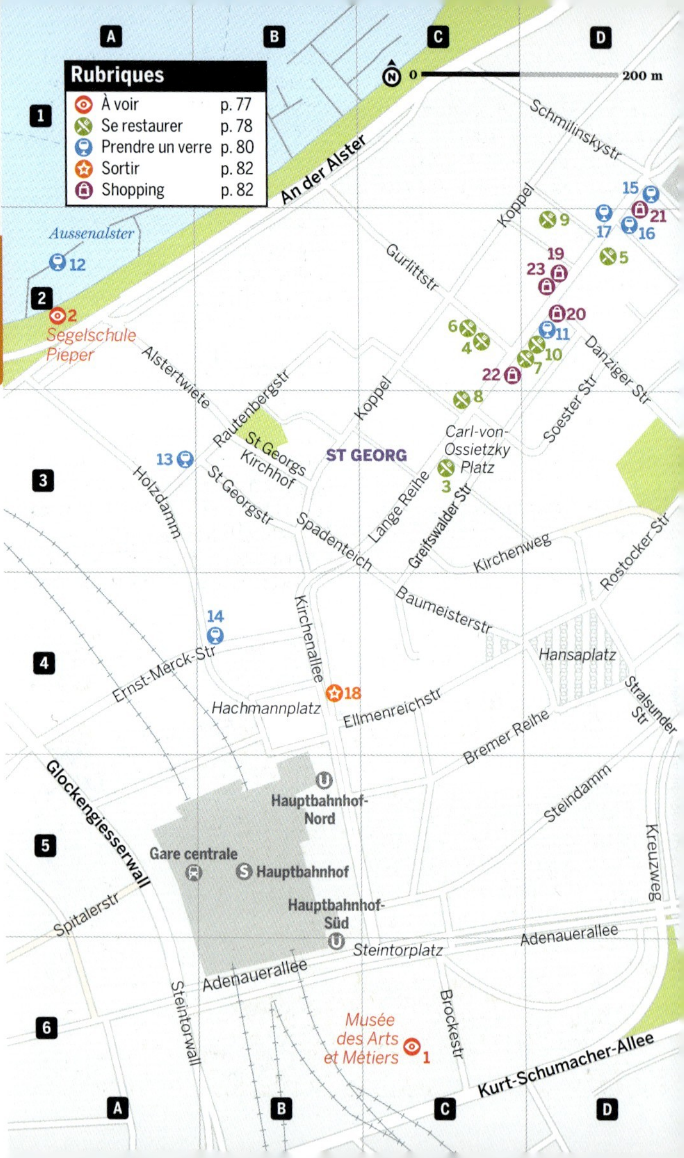

Sankt Georg

Rubriques

◉	À voir	p. 77
✖	Se restaurer	p. 78
◒	Prendre un verre	p. 80
✦	Sortir	p. 82
🛍	Shopping	p. 82

1

Aussenalster

◒ 12

2

◉ 2
Segelschule
Pieper

An der Alster

Schmilinskystr

Koppel

15
✖ 9   17   🛍 21
19   16
23 🛍   ✖ 5
20
6 ✖ ✖   ◒ 11
4   ✖ 10
22 🛍   7

Gurlittstr

Alstertwiete

Rautenbergstr

St Georgs
Kirchhof

St Georgstr

Holzdamm

13 ◒

3

Koppel

ST GEORG

◉ 8

Carl-von-
Ossietzky
✖ Platz
3

Lange Reihe

Spadenteich

Greifswalder Str

Soester Str

Danziger Str

Rostocker Str

Kirchenweg

Baumeisterstr

Hansaplatz

Stralsunder Str

14
◒

4

Ernst-Merck-Str

Kirchenallee

✦ 18

Hachmannplatz

Ellmenreichstr

Bremer Reihe

Steindamm

Kreuzweg

Glockengiesserwall

5

Ⓤ
Hauptbahnhof-
Nord

Gare centrale

Ⓢ Hauptbahnhof

Spitalerstr

Hauptbahnhof-
Süd
Ⓤ
Steintorplatz

Adenauerallee

6

Steintorwall

Adenauerallee

Musée
des Arts
et Métiers
◉ 1

Brockesstr

Kurt-Schumacher-Allee

Voir

Sankt Georg est plus une affaire d'expériences – restaurants, bars, shopping, etc. – que de sites touristiques. Le principal lieu à visiter (le seul, diront certains) est le musée des Arts et Métiers. Par ailleurs, la promenade le long des berges de l'Aussenalster est agréable.

Musée des Arts et Métiers

MUSÉE

1 PLAN P. 76, C6

Le musée des Arts et Métiers est passionnant. Sa vaste collection de sculptures, meubles, habits, bijoux, affiches, porcelaines, instruments de musique et objets pour la maison témoigne des origines italiennes, islamiques, japonaises ou viennoises, allant de l'époque médiévale au pop art, sans oublier le salon Art nouveau de l'Exposition universelle de Paris (1900). Le café est inscrit dans l'espace d'exposition. (Museum fur Kunst und Gewerbe ; ☎040-428 542 732 ; www.mkg-hamburg.de ; Steintorplatz 1 ; adulte/enfant 12 €/gratuit, après 17h jeu 10 € ; ⊙10h-18h mar-dim, 10h-21h jeu ; Ⓤ Hauptbahnhof-Süd)

Segelschule Pieper

BATEAU

2 ⊚ PLAN P. 76, A2

Louez votre propre barque ou pédalo (permis requis pour les bateaux à voile). Le calme sur les flots et la vue sur la ville sont exquis. (☎040-247 578 ; www.segelschule-pieper.de ; An der Alster ; ⊙10h-21h avr à mi-oct ; Ⓤ Hauptbahnhof-Nord)

Musée des Arts et Métiers

Se restaurer

Sankt Georg fait partie des bastions culinaires à Hambourg. Le long de la Lange Reihe, des restaurants allemands à l'ancienne côtoient les cafés branchés, les bistrots français ou italiens, et quelques-une des meilleures échoppes a burgers de la ville.

Otto's Burger

BURGERS €

3 PLAN P. 76, C3

Huit types de burgers, dont un avec de la mayonnaise à la truffe et deux végétariens, à accompagner d'une bière artisanale. (☏040-2395 3382 ; www.ottosburger.com ; Lange Reihe 40 ; plats à partir de 8 € ; ⏱11h30-22h30 lun-jeu, 11h30-23h ven-sam, 11h30-22h dim ; Ⓤ Hauptbahnhof-Nord)

Peaberries

CAFÉ €

4 PLAN P. 76, C2

Parfait pour faire une pause, ce charmant petit lieu propose d'excellentes boissons à base de café et des viennoiseries, dont les meilleurs bagels de la ville. (☏040-2419 2862 ; www.peaberries-kaffeeroesterei.com ; Gurlittstrasse 46 ; plats à partir de 3 € ; ⏱7h-18h lun-ven, 9h-16h sam ; Ⓤ Hauptbahnhof-Nord)

Casa di Roma

ITALIEN €€

5 PLAN P. 76, D2

Parmi les meilleures tables italiennes de Sankt Georg, ce restaurant branché et moderne sert des plats de pâtes abordables. Les mets à base de viande et de poisson sont nettement plus chers, mais

Marché sur la Hansaplatz (p. 75)

TORSTEN KRÜGER/ALAMY ©

c'est justifié. (☎ 040-280 3043 ; www.
casadiroma.de ; Lange Reihe 76 ; pâtes
9-18 €, autres plats 22-33 € ; ⏰ 11h30-
minuit ; Ⓤ Hauptbahnhof-Nord)

Cafe Gitane
CAFÉ €€

6 ❌ PLAN P. 76, C2

Nous adorons le mobilier rétro de
ce séduisant café-bar à vins. La
carte, réduite mais soigneusement
composée, varie selon les
saisons, de la Méditerranée à
la mer du Nord. Belle sélection
de vins. (☎ 0172 524 0747 ; www.
cafe-gitane.com ; Gurlittstrasse 44 ;
plats 11,50-23 € ; ⏰ 17h-23h lun-sam ;
Ⓤ Hauptbahnhof-Nord)

Central
INTERNATIONAL €€

7 ❌ PLAN P. 76, D2

L'adresse est un peu chère pour le
dîner, mais la cuisine internationale
(qui tend majoritairement vers
l'Italie) est sûre. Testez les
spaghettis à l'encre de seiche.
Service assez formel, surtout le
soir. Soignez votre tenue. (☎ 040-
2805 3704 ; www.central-hamburg.de ;
Lange Reihe 50, Sankt Georg ; déj plats
9-13 €, dîner plat 15-24 € ; ⏰ 11h-15h
et 17h-23h lun-ven, 17h-23h sam-dim ;
Ⓤ Hauptbahnhof-Nord)

Das Dorf
ALLEMAND €€€

8 ❌ PLAN P. 76, C3

Il y a au moins deux raisons de
se rendre dans ce restaurant
traditionnel aux murs
lambrissés : le pain fait maison
et le *Labskaus* (ragoût de viande,
poisson et pommes de terre).
S'il est au menu (ce qui n'est pas
toujours le cas en été), ce

La gentrification de St Georg

Ce quartier, composé de grands
immeubles d'appartements
du XIXe siècle pour classes
moyennes supérieures,
a touché le fond dans les
années 1970. Souffrant d'une
reconstruction irréfléchie après-
guerre, il est devenu le lieu
privilégié du trafic de drogues et
de la prostitution.

Depuis, le quartier s'est
nettement embourgeoisé
– comme en témoignent les
formidables boutiques et cafés
–, le lifting touchant même la
Hansaplatz, la principale place
de Sankt Georg (p. 75).

dernier est l'un des meilleurs de
Hambourg. (☎ 040-458 119 ; www.
restaurant-dorf.de ; Lange Reihe 39 ;
plats 20-24 € ; ⏰ 12h-23h lun-mer,
17h-23h sam ; Ⓤ Hauptbahnhof-Nord)

Le Bon Brasserie St Georg
FRANÇAIS €€€

9 ❌ PLAN P. 76, D2

Ce petit bijou au cœur de
Sankt Georg propose des
spécialités françaises on ne peut
plus classiques. Si l'on ajoute des
vins français et de la bière belge,
on ne trouvera pas mieux dans
le genre en ville. Entrée indiquée
dans la Lange Reihe. (☎ 040-3573
5166 ; www.mon-le-bon.de ; Koppel 76,
accès par Lange Reihe 87 ; plats
14,50-27 € ; ⏰ 17h-23h mar-dim ;
Ⓤ Hauptbahnhof-Nord)

Cox

EUROPÉEN MODERNE €€€

10 PLAN P. 76, D2

Derrière ses portes en verre opaque, ce bistrot haut de gamme aux colonnes cannelées et au mobilier d'époque fut de la première vague d'embourgeoisement de Sankt Georg. Régulièrement renouvelée, la carte reflète les saisons et les influences de tout le continent. (☎040-249 422 ; www.restaurant-cox. de ; Lange Reihe 68 ; plats déj 10-18 €, plats dîner 17-26 € ; ⏱12h-14h30 et 18h30-22h30 lun-ven, 18h30-22h30 sam-dim ; Ⓤ Hauptbahnhof-Nord)

Prendre un verre

Comme tout quartier central de Hambourg, Sankt Georg offre son lot de lieux nocturnes, avec un vaste choix de bars à cocktails, de clubs et de bars à vins. Mais le secteur a ceci de spécial que la plupart de ces lieux sont "gay-friendly" ou majoritairement gay. Vous trouverez de bonnes adresses dans tout le quartier même si, comme souvent ici, l'offre la plus riche est concentrée dans la Lange Reihe.

Bacaro Wine Bar

BAR À VINS

11 Ⓤ PLAN P. 76, D2

Ce petit bar à vins chic doté d'un cadre moderne invite à refaire le monde autour d'un verre de vin italien. La cuisine est également excellente, faisant du Bacaro un lieu idéal pour démarrer la soirée. (☎040-3570 6829 ; www.bacaro-winebar.de ; Lange Reihe 68-70 ; ⏱12h-

15h et 17h30-23h lun-jeu, 12h-15h et 17h30-minuit ven, 17h-minuit sam, 17h-23h dim ; Ⓤ Hauptbahnhof-Nord)

a.mora

BAR

12 Ⓤ PLAN P. 76, A2

Installé sur le ponton qui donne sur l'Aussenalster, ce bar délicieux convient aussi bien pour un petit-déjeuner ou un café en journée que pour un cocktail en fin de soirée. L'endroit attire une clientèle assez chic et, en été, les transats au bord de l'eau sont rarement libres. La carte des cocktails n'est pas d'une audace folle, mais qu'y a-t-il de mal à préférer les classiques ? (☎040-2805 6735 ; www.a-mora.com ; An der Alster 72 ; ⏱10h-tard ; Ⓤ Hauptbahnhof-Nord)

Bar Hamburg

BAR À COCKTAILS

13 Ⓤ PLAN P. 76, A3

Bastion prisé des célébrités (Mick Jagger et Claudia Schiffer en ont déjà franchi les portes), le Bar Hamburg compte plus de 70 whiskies et quelque 250 cocktails au choix, ainsi qu'un salon de narguilés et de cigares. Musique d'ambiance chaleureuse et sièges en cuir. Une tenue chic est conseillée. (☎040-2805 4880 ; www. barhh.com ; Rautenbergstrasse 6-8 ; ⏱16h-1h dim-jeu, 16h-3h ven-sam ; Ⓤ Hauptbahnhof-Nord)

Golden Cut Club

CLUB

14 Ⓤ PLAN P. 76, B4

Parmi les meilleurs clubs de Hambourg, le Golden Cut est

réputé pour sa sélection stricte à l'entrée et ses longues files d'attente. L'ambiance est parfois survoltée lors des concerts, tandis que les meilleurs DJ du cru ou d'ailleurs s'y produisent – house, R&B, hip-hop et "after" dans la foulée de grands événements. (📞040-8510 3532 ; www.goldencut. org ; Holzdamm 61 ; entrée à partir de 20 € ; 🕐23h-6h ven-sam ; Ⓤ Hauptbahnhof-Nord)

Frau Möller
BAR

15 PLAN P. 76, D1

Il est 2h du matin et vous avez une soudaine envie de steak ? Ralliez donc cette institution de Sankt Georg, où la terrasse longe le bâtiment d'angle et la cuisine ferme tard. On y propose de savoureux classiques allemands,

mais aussi la meilleure carte des vins et des bières qu'on puisse trouver à 5h du matin. (📞040-2532 8817 ; www.fraumoeller.com ; Lange Reihe 96 ; 🕐11h-4h lun-jeu, 11h-6h ven-sam, 11h-3h dim, cuisine 11h-3h tlj ; Ⓤ Hauptbahnhof-Nord)

Kyti Voo
BAR

16 PLAN P. 76, D2

Ici, une clientèle éclectique vient profiter d'un choix de bières artisanales et de cocktails particulièrement agréables jusque *très* tard le soir. En journée ou en début de soirée, installez-vous à une table en terrasse. L'*happy hour* invite à boire des cocktails à prix réduit de 17h à 20h tous les jours. (📞040-2805 5565 ; www.kytivoo.com ; Lange Reihe 82 ; 🕐17h-tard lun-sam, 14h-tard dim ; Ⓤ Hauptbahnhof-Nord)

Café Gnosa (p. 75)

INGOLF POMPE/LOOK FOTO/GETTY IMAGES ©

Generation Bar

GAY

17 PLAN P. 76, D2

Un bar gay très prisé en plein milieu de l'artère gay de Sankt Georg. Le parfum d'interdit ajoute à l'atmosphère brumeuse – il est permis d'y fumer. (☎040-2880 4690 ; www.generation-bar.de ; Lange Reihe 81 ; ⏱16h-2h dim-jeu, 16h-4h ven-sam ; Ⓤ Hauptbahnhof-Nord)

Sortir

Deutsches Schauspielhaus Theatre

THÉÂTRE

18 PLAN P. 76, B4

Ce théâtre, le plus grand et le plus important d'Allemagne, présente d'inventives interprétations des textes classiques (Shakespeare, Goethe, Tchekhov) et modernes.

L'un des lieux culturels les plus dynamiques de la ville. (☎040-248 713 ; www.schauspielhaus.de ; Kirchenallee 39 ; Ⓤ Hauptbahnhof-Nord)

Shopping

Sankt Georg compte une offre de magasins modeste mais variée, avec de petites boutiques de souvenirs, de papeterie, de chapeaux et de vin. Mais l'atout maître – qui vaut une traversée de la ville – reste l'excellente galerie Koppel 66 (p. 75), concentrant boutiques et ateliers d'art ou d'artisanat.

Weinkauf St Georg

VIN

19  PLAN P. 76, D2

Cette petite échoppe pointue est spécialisée dans les vins d'Allemagne, et quelques grands

Deutsches Schauspielhaus Theatre

MC PHOTO/OHDE/ALAMY ©

crus venus d'ailleurs, dans le genre champagne ou spiritueux. (☎ 040-280 3387 ; www.weinkauf-st-georg.de ; Lange Reihe 73 ; ⏱11h-19h30 lun-ven, 10h-18h sam ; Ⓤ Hauptbahnhof-Nord)

Kaufhaus Hamburg
CADEAUX ET SOUVENIRS

20 🔒 PLAN P. 76, D2

Grâce aux charmants souvenirs de Hambourg vendus ici, la mission cadeau devient soudain plaisante. Papeterie, articles pour la maison, jeux et produits alimentaires – rien ne manque. (☎ 040-2281 5669 ; www.kaufhaus-hamburg.de ; Lange Reihe 70 ; ⏱11h-19h lun-ven, 10h-19h sam ; Ⓤ Hauptbahnhof-Nord)

Chapeau St Georg
CHAPEAUX

21 🔒 PLAN P. 76, D2

Arrivé(e) tête nue à Hambourg ? Pas de problème ! Sachez néanmoins que Chapeau St Georg ne fait pas dans le genre "Ich liebe Hamburg", mais plutôt dans le couvre-chef chic pour grandes occasions, ou encore dans les chapeaux à bord plus classiques. (☎ 040-2800 4375 ; www.chapeau-stgeorg.de ; Lange Reihe 94 ; ⏱11h-19h lun-sam ; Ⓤ Hauptbahnhof-Nord)

The Art of Hamburg
CADEAUX ET SOUVENIRS

22 🔒 PLAN P. 76, C2

Une bonne adresse pour trouver un joyeux souvenir de Hambourg, avec ses habits, sacs et accessoires affichant des thèmes nautiques et des slogans à la gloire de la ville. (☎ 040-7718 0814 ; www.the-art-of-hamburg.de ; Lange Reihe 48 ; ⏱11h-19h lun-sam ; Ⓤ Hauptbahnhof-Nord)

Blendwerk
PAPETERIE

23 🔒 MAP P76, D2

Blendwerk pourvoit à tous vos besoins en matière de papeterie, des carnets Leuchtturm jusqu'aux babioles pour bureau dont vous ne soupçonniez même pas l'existence avant d'entrer. (☎ 040-240 003 ; www.blendwerk-hamburg.de ; Lange Reihe 73 ; ⏱11h-19h lun-ven, 11h-18h sam ; Ⓤ Hauptbahnhof-Nord)

Explorer

Speicherstadt et HafenCity

Caractéristiques de Hambourg, les hauts entrepôts en brique rouge au bord des canaux de la Speicherstadt se convertissent peu à peu en musées. Ils voisinent avec les bâtiments ultracontemporains de HafenCity, le plus grand projet d'urbanisme intra muros d'Europe, couronné par la remarquable Philharmonie de l'Elbe.

Débutez la matinée par la Philharmonie (p. 86) et le très fréquenté Miniatur Wunderland (p. 90). Après ces deux sites phares, vous pourrez consacrer du temps aux musées qui vous inspirent et déjeuner dans les parages. Passez ensuite au centre d'information de HafenCity (p. 93) pour vous procurer plans et brochures de ce grand chantier en cours, voire participer à une visite guidée.

Comment y aller et circuler

Ⓤ La nouvelle ligne U4 du métro relie HafenCity (station Überseequartier) au reste de la ville. Sinon, les stations d'U-Bahn Messberg (ligne U1) et Baumwall (ligne U3) se situent non loin à pied. Du centre, comptez 10 minutes de marche en direction du sud pour rejoindre la Speicherstadt et HafenCity.

Plan de la Speicherstadt et HafenCity p. 94

Entrepôts de la Speicherstadt NIK WALLER PRODUCTIONS/SHUTTERSTOCK ©

Les incontournables 📷

Philharmonie de l'Elbe

Après avoir fait coulé beaucoup d'encre, la Philharmonie de l'Elbe (Elbphilharmonie), Elphi" pour les intimes, est devenue un objet de fierté pour les Hambourgeois depuis son inauguration en 2017. Qu'on se contente de l'admirer de loin ou qu'on assiste à un concert dans sa salle de concert high-tech, l'édifice frappe par son audace architecturale.

◎ PLAN P. 94, A3

📞 040-3576 6666

www.elbphilharmonie.de

Platz der Deutschen Einheit 4

entrée libre

🕒 9h-23h30

Ⓢ Baumwall

Architecture

Œuvre du cabinet d'architecture suisse Herzog & de Meuron, la Philharmonie a largement excédé le budget et les délais prévus, mais le résultat s'avère éblouissant. À sa base se trouve un ancien entrepôt de cacao, de thé et de tabac, en activité jusqu'aux années 1990, dont la façade en brique n'a été que légèrement modifiée. Au-dessus s'élève une structure formée de 1 000 panneaux de verre courbes évoquant les vagues de l'Elbe.

Escalator

Un escalator légèrement incurvé de 82 m, le plus long d'Europe, monte du rez-de-chaussée et traverse un tunnel à l'atmosphère irréel, comme rempli de bulles.

Plaza

Au sommet de l'escalator et desservi par un dédale d'escaliers, ce plateau de 4 000 m^2 accueille des commerces, des restaurants et le hall d'un hôtel. La plateforme d'observation tout autour dévoile des vues imprenables dans toutes les directions.

Salles de concert

La grande salle symphonique et la petite salle sont probablement les meilleurs auditoriums du monde. Avec sa technologie acoustique de pointe et ses 2 150 places disposées en terrasses de différentes tailles autour de la scène, la première offre au public des conditions exceptionnelles.

★ À savoir

● L'entrée est libre, mais il faut prendre un billet pour pouvoir franchir les portillons.

● La brochure *Elbphilharmonie Hamburg*, disponible gratuitement dans la boutique, aide à se repérer.

● Pour assister à un concert, réservez aussi tôt que possible car les billets partent vite.

● Depuis le Holzbrücke, au nord, on peut prendre de beaux clichés de la Philharmonie sur fond d'entrepôts en brique.

✕ Une petite pause

Juste en face de l'entrée, la Carls Brasserie (p. 96) prépare une cuisine de bistrot français.

La Philharmonie renferme aussi un restaurant et un café. Autrement, Deichstrasse n'est qu'à 15 minutes de marche.

Les incontournables 📷

Musée maritime international

Inscrit dans un quartier en pleine réhabilitation et tourné vers la mer, ce fascinant musée au bord de l'eau illustre à merveille le passé maritime de Hambourg. Même si les navires d'antan vous laissent habituellement de marbre, une visite s'impose.

◎ PLAN P. 94, C2

www.internationales-maritimes-museum.de

Koreastrasse 1

tarif plein/réduit
13/9,50 €

🕙 10h-18h

Ⓤ Messberg,
Überseequartier

Bâtiment

La formidable collection du musée occupe le Kaispeicher B (1878), doyen des entrepôts de Hambourg. Construit dans le style néogothique qui prévalait au XIXe siècle dans les ports hanséatiques, cet ancien silo à grain de dix étages tranche avec les nombreuses constructions modernes alentour.

Collection

Le musée recèle la plus importante collection privée du genre, riche notamment de 26 000 modèles réduits, 50 000 plans, 5 000 illustrations, 2 000 films et 1,5 million de photos. Afin d'éviter l'overdose, faites un tour rapide pour avoir une vision d'ensemble, puis visitez plus en détail quelques sections choisies. Et ne manquez pas au 1er étage l'impressionante réplique en Légo d'environ 7 m de long, du *Queens Mary 2*.

Histoire maritime

Des maquettes de bateaux de différentes civilisations, des Phéniciens aux Vikings, des instruments de navigation et autres objets retracent la fascination de l'homme pour la mer depuis trois millénaires. Ne manquez pas le premier atlas nautique (*Atlantis Majoris*, 1657), publié aux Pays-Bas.

Construction navale

Une section phare du musée explore les techniques de construction navale à travers les siècles. Sa pièce la plus ancienne est une pirogue creusée dans un tronc d'arbre qui a été découverte dans l'Elbe.

★ À savoir

o Essayez si possible de voir le musée en plusieurs fois.

o Si vous n'effectuez qu'une seule visite, prévoyez une bonne demi-journée.

✕ Une petite pause ?

Fleetschlösschen (p. 97), 5 minutes à l'est, est le bistrot où aller à HafenCity.

Juste au coin de la rue, l'Oberhafen Kantine (p. 93) sert des hamburgers dans la plus pure tradition locale.

Les incontournables
Miniatur Wunderland

Même les visiteurs blasés finissent par s'enthousiasmer devant le plus grand réseau ferroviaire miniature du monde. On reste impressionné par les petits trains qui circulent à travers les villes et paysages naturels reconstitués fourmillant de détails, le tout commandé par une salle des ordinateurs digne de la Nasa.

◉ PLAN P. 94, A2

☎ 040-300 6800

www.miniatur-wunderland.de

Kehrwieder 2

adulte/enfant 15/7,50 €

🕐 horaires variables

Ⓤ Baumwall

Hambourg

La reconstitution de Hambourg est indubitablement le clou de la visite. Du port aux flèches des églises, jusqu'à la toute récente Philharmonie de l'Elbe, tout a été fidèlement reproduit. Notez au passage le stade Millerntor, où le club de football du SV Hamburger écrase le FC Sankt Pauli 3 à 0 sur son terrain.

Aéroport de Knuffingen

Knuffingen, une ville imaginaire plus vrai que nature entre les Alpes autrichiennes et le massif du Harz, abrite un aéroport entièrement fonctionnel où sont reproduits les mouvements des avions. On peut ainsi voir l'atterrissage d'un A380 et un appareil en flammes vers lequel convergent des camions de pompier. Vraiment étonnant !

Autres

Le plateau principal comprend aussi des maquettes représentant l'Allemagne centrale, l'Autriche, la Scandinavie (Narvik et Kiruna) et les États-Unis (Las Vegas et Miami). Au pied des Alpes suisses, après la fabrique de chocolat, on reconnaît l'Italie, en particulier Venise et Rome. Enfin, des dioramas présentent des épisodes clés de l'histoire allemande, dont la Seconde Guerre mondiale.

★ À savoir

o Le week-end et pendant les vacances d'été, achetez votre billet en ligne pour éviter de faire la queue.

o Arrivez tôt sous peine de devoir attendre votre tour devant chaque section.

o Inutile de vous précipiter d'emblée sur la boutique car vous devrez la traverser pour sortir.

o Le *Visitors Guide* remis avec le billet inclut un jeu permettant aux enfants de gagner des prix.

✗ Une petite pause ?

La Deichstrasse se trouve à 5 minutes de marche, de l'autre côté du canal. Là, Kartoffelkeller (p. 51) prépare de savoureuses galettes de pomme de terre.

À environ un pâté de maisons vers l'est, Vlet in der Speicherstadt (p. 93) propose des pâtes ainsi que des plats plus élaborés.

Hambourg d'hier et de demain

Si la Speicherstadt forme l'un des secteurs les plus anciens du port de Hambourg, HafenCity commence tout juste à sortir de terre. Les deux ont toutefois en commun d'être habités depuis peu, d'où leur identité encore mouvante.

La promenade

Départ HafenCity InfoCenter ; Ⓤ Messberg

Arrivée Vlet in der Speicherstadt ; Ⓤ Messberg

Distance 3 km

❶ HafenCity InfoCenter

Ce **centre d'information** (☎040-3690 1799 ; www.hafencity. com ; Am Sandtorkai 30 ; entrée libre ; ⏰10h-18h mar-dim) distribue des brochures et présente des maquettes donnant un aperçu de l'ampleur du projet HafenCity. Il organise en outre des visites guidées ; consultez le site Internet.

❷ Musée des Entrepôts

Hébergé dans un pittoresque entrepôt, le **Speicherstadtmuseum** (☎040-321 191 ; www.speicherstadtmuseum. de ; Am Sandtorkai 36 ; adulte/enfant 4/2 € ; ⏰10h-17h lun-ven, jusqu'à 18h sam-dim mars-nov, 10h-17h mar-dim nov-mars) en brique datant de 1888, le musée illustre l'histoire du quartier et l'activité marchande de la ville hanséatique. On peut parfois assister à des animations en lien avec le commerce du thé ou du café (consultez le site Internet ; 10 €/pers).

❸ Pavillon du Développement durable

Traitant du développement urbain durable et de la construction respectueuse de l'environnement, cette **exposition** (HafenCity Nachhaltigkeitspavillon ; Osaka 9 ; ☎040-3747 2660 ; www.hafencity. com ; Osakaallee 9 ; entrée libre ; ⏰10h-18h mar-dim) intéressante montre HafenCity sous un jour plus alternatif.

❹ Oberhafen Kantine

Depuis 1925, ce **restaurant** (☎040-3280 9984 ; www.oberhafenkantine-hamburg.de ; Stockmeyerstrasse 39 ; plats 10-28 € ; ⏰12h-22h mar-sam, 12h-17h30 dim) en brique légèrement penché sert le hamburger traditionnel par excellence, un steak haché avec des oignons et divers assaisonnements. Rosbif et poisson complètent la carte. On se croirait revenu à l'époque où les cris des marins résonnaient sur les docks.

❺ Musée du Café

Ce petit **musée** (Kaffee Museum ; ☎040-5520 4258 ; www. kaffeemuseum-burg.de ; St Annenufer 2 ; entrée et visite guidée 10 € ; ⏰visites guidées 10h, 12h, 14h et 16h mar-dim) instructif vous apprendra tout sur le commerce du café à Hambourg. La visite comprend une démonstration par un torréfacteur, dont vous pourrez goûter le produit fini dans le café sur place. Des activités telles que dégustations de café, de thé et même de gin sont également programmées (voir site Internet).

❻ Vlet in der Speicherstadt

Juste à côté du pont piétonnier, le **Vlet** (☎040-334 753 750 ; www. vlet.de ; Am Sandtorkai 23-24 ; plats 23-38 € ; ⏰17h-minuit lun-sam) décline plusieurs menus, dont un destiné aux enfants, qui revisitent la tradition culinaire allemande. Vous pourrez ainsi déguster de délicieuses entrées, suivies de labskaus ou de pannfisch (poisson frit).

Rubriques

	Les incontournables	p. 86
	À voir	p. 95
	Se restaurer	p. 96
	Sortir	p. 98

400 m

Baakenpark

Deichtorplatz

Deichtorstr

Messberg

Oberbaumbrücke

Oberhafenbrücke

Oberbaumbrücke

Oberhafenbrücke

Bankstr

Poggenmühlenbrücke

Oberbaumbrücke

Alter Wandrahm

Zippelhaus

Neuer Wandrahm

Brooktorkai

St Annenufer

Am Sandtorpar

Willy-Brandt-Str

Katherinenstr

Bei den Mühren

Ericusbrücke

Stockmeyerstr

Am Lohsepark

Shanghaiallee

Koreastr

Osakaallee

Überseequartier

Am Dalmannkai

Am Sandtorkai

Versmannstr

Messberg

ALTSTADT
(VIEILLE VILLE)

Rödingsmarkt

Trostbrücke

Cremon

Hohe
Brücke

Deichstr

Kajen

Ludwig-Erhard-Str

Rödingsmarkt

HafenCity
Riverbus

Musée
maritime
international

HAFENCITY

Grosser Grasbrook

Hübenerstr

SPEICHERSTADT

Kehrwieder

Am Sandtorkai

Sandtorhafen

Am Kaiserkai

Miniatur
Wunderland

Hamburg
Dungeon

Musée
des Épices

Philharmonie
de l'Elbe

Platz der
Deutschen
Einheit

3

5

6

1

2

7

4

8

Voir

L'engouement actuel pour la Philharmonie de l'Elbe, ne doit pas faire oublier les remarquables musées de la Speicherstadt, qui abrite aussi le plus grand réseau ferroviaire miniature du monde, un parc d'attractions et une exposition sur l'aménagement durable. Bref, de quoi satisfaire toutes les curiosités.

Hamburg Dungeon
PARC D'ATTRACTIONS

1 PLAN P. 94, B2

Aménagé dans un vieil entrepôt et animé par des acteurs, ce cabinet des horreurs plutôt kitsch comprend plusieurs parcours à sensations fortes en rapport avec l'histoire de la ville. Cher et déconseillé aux moins de 10 ans. (☏1806 ; www.thedungeons. com ; Kehrwieder 2 ; adulte/enfant 25,50/20 € ; ⏱10h-18h juil-août, jusqu'à 17h mars-juin et sep-déc, 11h-17h jan-fév ; Ⓤ Messberg)

Musée des Épices
MUSÉE

2 PLAN P. 94, B2

Cet espace dédié aux épices et aux herbes aromatiques invite les visiteurs à exercer toute la mesure de leur odorat. (Spicy's

Histoire

La nécessité d'un port franc se fit jour lorsque Hambourg entra dans l'Empire allemand en 1871 puis rejoignit l'union douanière allemande. On démolit alors un ancien quartier (déplaçant au passage 24 000 habitants) de sorte de pouvoir bâtir la **Speicherstadt** entre 1883 et 1927 – c'est le plus grand ensemble ininterrompu d'entrepôts au monde. Le secteur ayant été épargné par les ravages de la guerre, on peut encore admirer les pignons néogothiques des bâtiments de sept étages et leurs toits vert-de-gris (pour la plupart) se reflétant dans l'eau des canaux, où mouillent de vieux navires. En 2015, reconnaissant le caractère emblématique de la Speicherstadt quant à l'expansion rapide du commerce maritime à la fin du XIXᵉ siècle, l'Unesco l'a classée sur la liste du patrimoine mondial.

La Speicherstadt fusionne désormais avec **HafenCity**, le plus grand projet d'urbanisme européen intra-muros, qui prévoit la construction de restaurants, commerces, appartements, écoles et bureaux dans une zone portuaire de 155 ha longtemps restée à l'abandon. Ces vingt prochaines années, le quartier devrait accueillir quelque 40 000 travailleurs et 12 000 résidents. En attendant, seuls une poignée de bâtiments achevés se dressent au milieu de vastes terrains vagues, d'où l'atmosphère un peu désolé du site.

Hamburg Dungeon (p. 95)

Gewürzmuseum ; 📞040-367 989 ; www.spicys.de ; Am Sandtorkai 34 ; adulte/enfant 5/2 € ; 🕙10h-17h ; Ⓤ Messberg)

HafenCity Riverbus BATEAU

3 🎯 PLAN P. 94, C2

À bord d'un bus amphibie, vous parcourrez la terre ferme durant 40 minutes et les eaux de l'Elbe les 30 minutes suivantes. Commentaires uniquement en allemand. (📞040-7675 7500 ; www.hafencityriverbus.de ; Brooktorkai 16, Block 5 ; adulte/enfant 29,50/20,50 € ; fév-déc, dernier départ variable ; Ⓤ Messberg)

Se restaurer

L'offre culinaire n'est pas à la hauteur des ambitions du quartier. Si les adresses abondent, peu d'entre elles sortent véritablement du lot. Cela devrait toutefois changer dans les prochaines années.

La Speicherstadt compte néanmoins deux excellentes tables traditionnelles au milieu des entrepôts restaurés. Encore en chantier, HafenCity ne possède pour l'instant qu'une poignée de restaurants récents dans un environnement sans âme.

Carls Brasserie BISTROT €€

4 ❌ PLAN P. 94, A3

Face à la Philharmonie, cet établissement décontracté propose essentiellement des plats français tels que des croque-monsieur dans sa partie bistrot, d'un meilleur rapport qualité/prix, et d'autres un peu plus élaborés dans sa

brasserie. (☎040-300 322 400 ; www.
carls-brasserie.de ; Am Kaiserkai 69 ;
plats de bistrot 9-13 € ; plats de brasserie
15-34 € ; ☺12h-23h ; Ⓤ Baumwall)

Strauchs Falco INTERNATIONAL €€

5 ✖ PLAN P. 94, D2

Choix étonnamment large (tapas,
pizzas, pâtes, produits de la mer)
sans compromis sur la qualité
et spécialités de viandes au gril.
(☎040-226 161 511 ; www.falco-
hamburg.de ; Koreastrasse 2 ; plats
10-28 € ; ☺12h-15h et 17h30-minuit
lun-ven, 12h30-minuit sam-dim ;
Ⓤ Messberg, Überseequartier)

Fleetschlösschen BISTROT €€

6 ✖ PLAN P. 94, C2

Ce restaurant au charme
intemporel, dans un ancien
bâtiment des douanes bordant
un canal de la Speicherstadt,
peut à peine contenir 20
personnes mais dispose d'une
terrasse très agréable par beau
temps. Avec Daniel Wischer

Baakenpark

Ouvert en mai 2018 dans
la partie du sud-est de
HafenCity, le **Baakenpark**
(carte p. 94, F4 ; www.hafencity.
com ; Baakenallee ; Ⓤ HafenCity
Universität) montre que le
projet d'urbanisme a pris en
compte le besoin d'espaces
verts. Avec ses aires de jeux
pour les enfants, ses concerts
le week-end et même des
projections de films en plein
air à l'occasion, ce parc
plaisant permet d'échapper
au tumulte de la ville.

(p. 51) aux manettes, le poisson
est évidemment à l'honneur.
Carte de sandwichs, soupes,
salades et petites assiettes
diverses. (☎040-3039 3210 ; www.
fleetschloesschen.de ; Brooktorkai 17 ;
plats 10-20 € ; ☺8h-22h ;
Ⓢ Messberg)

Vaut le détour :
musée de l'Émigration BallinStadt

Sorte de pendant hambourgeois à Ellis Island de New York, ce
musée (Das Auswander Museum ; Auswanderermuseum BallinStadt ;
☎040-3197 9160 ; www.ballinstadt.de ; Veddeler Bogen 2 ; adulte/enfant
13/7 € ; ☺10h-18h avr-oct, jusqu'à 16h30 nov-mars ; ⓡ Veddel) se penche
sur l'histoire des 5 millions d'individus qui quittèrent l'Allemagne
pour les États-Unis et l'Amérique du Sud entre 1850 et les années
1930. Les épreuves qu'ils endurèrent avant et pendant leur voyage
ainsi qu'à leur arrivée dans le Nouveau Monde y sont décrites en
plusieurs langues. Desservi par le S-Bahn, BallinStadt se situe à
4 km au sud-est du centre-ville.

Bootshaus Grill & Bar GRILL €€€

7 PLAN P. 94, B3

La viande dans toute sa splendeur ! Déguster une entrecôte à point en contemplant les eaux de l'Elbe n'a pas de prix. (☎040-3347 3744 ; www.bootshaus-hafencity.de ; Am Kaiserkai 19 ; plats déj 11 €, plats 26-39 € ; ⊘12h-15h et 18h-22h mar-sam ; Ⓤ Überseequartier)

Prendre un verre

La Speicherstadt et HafenCity n'ont pas de vie nocturne digne de ce nom et cela ne semble pas près de changer. Il existe toutefois quelques bars çà et là, et la plupart des restaurants ferment tard et installent des tables dehors en été – le Bootshaus Grill & Bar fait partie des meilleures options.

Sortir

Philharmonie de l'Elbe   MUSIQUE CLASSIQUE

8 ⭐ PLAN P. 94, A3

Un concert à la Philharmonie (p. 86), l'icône architecturale de Hambourg, constitue presque un passage obligé. La programmation et les différentes salles à l'acoustique high-tech rendent l'expérience inoubliable. Réservation recommandée. (☎040-3576 6666 ; www.elbphilharmonie.de ; Platz der Deutschen Einheit 4 ; 10-75 € ; ⊘billetterie 11h-20h ; Ⓤ Baumwall)

Fleetschlösschen (p. 97)

Vaut le détour :
Parc zoologique Hagenbeck

Les 2 500 pensionnaires du **parc zoologique de Hambourg** (Tierpark Hagenbeck ☎ 040-530 0330 ; www.hagenbeck-tierpark. de ; Lokstedter Grenzstrasse 2 ; adulte/enfant à partir de 20/15 € , billet combiné avec l'aquarium 30/21 € ; ☉9h-19h juil-août, jusqu'à 18h sep-oct et mars-juin, jusqu'à 16h30 nov-fév, aquarium 9h-19h juil-août, jusqu'à 18h sep-jun ; ⛎ ; Ⓤ Hagenbecks Tierpark), à 5 km au nord-ouest du centre, vivent dans de vastes enclos répartis sur plus de 27 ha. Outre des éléphants, tigres, orang-outans, toucans et autres espèces, vous verrez ici un immense aquarium, un jardin japonais, une réplique de temple népalais et une porte Art déco. Les enfants préféreront quant à eux le mini-zoo où l'on peut toucher les animaux, les promenades en poney, le petit train et l'aire de jeux.

Shopping

Parmi les commerces disséminés dans le secteur, seules les boutiques des sites et musées retiennent l'attention. Celle du Miniatur Wunderland (p. 90), par exemple, propose un large choix de modèles réduits ferroviaires du plus réel au plus kitsch. C'est toutefois à la Philharmonie de l'Elbe (p. 86) que vous dénicherez les souvenirs les plus intéressants.

Explorer

Sankt Pauli et la Reeperbahn

L'énergie, la créativité et le côté interlope de l'ancien quartier chaud contribuent à faire de la ville l'une des plus branchées d'Europe. Par un jour de semaine pluvieux, Sankt Pauli vous apparaîtra un peu glauque et délabré, mais, quand la fête s'empare de la Spielbudenplatz, difficile de faire plus vivant et festif.

L'endroit se montre rarement sous son meilleur jour le matin, sauf le dimanche à l'occasion du marché au poisson (p. 102), qui justifie de se lever de bonne heure. Autrement, une balade sur la Reeperbahn, une avenue longue de 930 m, constitue un bon point de départ pour prendre ses marques. Si un concert ou autre événement a lieu sur la Spielbudenplatz (p. 110), rejoignez celle-ci en fin d'après-midi. Sankt Pauli en général, et la Reeperbahn en particulier, commencent à bouger en début de soirée et l'ambiance débridée va crescendo jusqu'au bout de la nuit dans une débauche de lumière, de musique et de bruit.

Comment y aller et circuler

S & **U** La station de S-Bahn Reeperbahn (lignes S1, S2 et S3) et la station de U-Bahn St Pauli (U3) se tiennent à chaque extrémité de la Reeperbahn. De là, vous pourrez rejoindre à pied le marché au poisson. La principale zone portuaire jouxte en revanche la station Landungsbrücken (S1, S2, S3 et U3). Pour la partie nord, descendez plutôt à Feldstrasse (U3).

Plan de Sankt Pauli et de la Reeperbahn p. 106

Les incontournables 📷

Fischmarkt (Marché au poisson)

Tandis que d'autres villes se remettent le dimanche des excès de la veille au soir, Hambourg refuse d'aller se coucher. Son formidable marché au poisson devient alors le terrain de jeu d'une bonne partie des habitants, les premiers arrivant dès 5h du matin.

🎯 PLAN P. 106, A8

Grosse Elbstrasse 9

🕐 5h-9h30 dim avr-oct, à partir de 7h nov-mars

🚌 112 jusqu'à Fischmarkt, Ⓢ Reeperbahn

Commerces

Chaque dimanche aux aurores, quelque 70 000 Hambourgeois et touristes affluent vers le célèbre marché au poisson de Sankt Pauli, une institution depuis 1703. Une armada de camionnettes investissent le pavé, leurs robustes conducteurs les transformant en étals sur roues. Les uns disposent joliment leurs fruits et légumes de saison, parfois en direct du producteur, d'autres des anguilles, des coquillages et crustacés, des cactus....

Musique live

Des groupes jouent des reprises de vieux tubes allemands dans la jolie Fischauktionshalle (halle aux enchères) de 1896 et tout le monde reprend en chœur, surtout ceux qui sont sortis toute la nuit.

Vendeurs à la criée

Le marché vaut aussi pour son spectacle haut en couleur. Les stars incontestées de ce théâtre de rue sont les *marktschreier* (vendeurs à la criée), qui vantent leurs produits d'une voix de stentor et haranguent familièrement le chaland pour la plus grande joie de l'assistance.

Sandwichs au poisson

De nombreux stands vendent des *fischbrötchen* (sandwichs au poisson). Normalement consommés au déjeuner ou au dîner, ces en-cas alléchants garnis de hareng mariné et d'oignons blancs constituent à 6h du matin un parfait antidote contre la gueule de bois.

★ À savoir

• Curieusement, le Fischmarkt a plus d'attrait après une nuit blanche à Sankt Pauli.

• Essayez d'arriver aussi tôt que possible afin de contempler le lever du soleil sur le port.

✕ Une petite pause ?

Juste en amont du marché, sur une place tranquille, le Cafe Geyer (p. 116) est un lieu agréable pour prendre sa dose de caféine.

Si vous restez dans le coin après la fin du marché, déjeunez au Fischerhaus (p. 113), l'une des meilleures tables de poisson du secteur.

Promenade à pied 🥾

L'âme de Sankt Pauli

*Derrière son atmosphère festive et débridée,
Sankt Pauli cache un véritable esprit d'ouverture
et de solidarité, incarné par des lieux très divers.*

La promenade

Départ Café Mimosa ;
U Sankt Pauli

Arrivée Lunacy ;
U Sankt Pauli

Distance 2 km

❶ Café Mimosa

Avant d'explorer les rues environnantes, arrêtez-vous dans ce chouette **café** (☎040-3202 7989 ; www.cafemimosa.de ; Clemens-Schultz-Strasse 87 ; plats 4-12 € ; ⊘10h-19h mar-dim) de quartier au décor théâtral, doté d'une terrasse. Au menu : brioches chaudes, gâteaux délicieux et plats du jour au déjeuner.

❷ Davidwache

Au sud de la Reeperbahn se tient le **Davidwache** (Spielbudenplatz 31, angle Davidstrasse), un massif commissariat en brique et céramique. Protagoniste de nombreux films policiers allemands, il abrite actuellement 150 agents assurant la sécurité du quartier.

❸ Musée de Sankt Pauli

Ce **musée** (☎040-439 2080 ; www.sankt-pauli-museum.de ; Davidstrasse 17 ; tarif plein/réduit 5/4 € ; ⊘11h-18h lun-mer, jusqu'à 21h jeu, jusqu'à 23h ven, 10h-23h sam, 10h-18h dim) replace le quartier Sankt Pauli dans son contexte historique et fait revivre ses personnages sans éluder les aspects peu reluisants.

❹ Zum Silbersack

Véritable institution, le pub **Zum Silbersack** (☎040-314 589 ; www.facebook.com/zumsilbersack1949 ; Silbersackstrasse 9 ; ⊘17h-1h dim, jusqu'à 3h lun-mer, jusqu'à 4h jeu, 15h-5h ven-sam) draine une faune hétéroclite d'étudiants, de junkies, de cadres, d'écolos et de prostituées. Pas toujours très raffiné mais résolument haut en couleur.

❺ Kiez Curry

Pourvoyeur de *Currywurst* en tout genre, y compris végétariennes, le **Kiez Curry** (☎040-6367 3829 ; Querstrasse 2 ; plats à partir de 3 € ; ⊘17h-minuit mar-jeu, jusqu'à 5h ven-sam) est un incontournable des nuits de Sankt Pauli. Rien de plus hambourgeois qu'une saucisse accompagnée de salade de pommes de terre pour combler une fringale à 4h du matin.

❻ Kleine Haie Grosse Fische

Version locale du kebab nocturne, cette **adresse** (☎0176-1033 7847 ; www.kleinehaie-grossefische.de ; Querstrasse 4 ; plats à partir de 4 € ; ⊘18h-minuit mer-jeu, 14h-4h ven-sam ; ⓢReeperbahn) intemporelle propose des sandwichs au poisson ainsi que du poisson et de la viande fumés.

❼ Lunacy

Un **bar** (☎040-3179 2726 ; www.lunacy-hh.de ; Hamburger Berg 25 ; ⊘21h-4h dim-jeu, jusqu'à l'aube ven-sam) bien dans le style du quartier, avec de la musique lourde – punk, ska, rock et métal – et des parties de baby-foot acharnées.

Sankt Pauli et la Reeperbahn

KAROLINENVIERTEL

SCHANZENVIERTEL

HEILIGENGEISTFELD

Marktstr

Glasschütterstr

Feldstr

Flakturm IV

38 5

Feldstrasse

10

Beatles Tour

52

48

Sternstr

Neuer Kamp

20

46

Budapester Str

Beckstr

Annenstr

Clemens-Schultz-Str

Schulterblatt

Neuer Pferdemarkt

Neuer Pferdemarkt

24 17

26

21

18

51

Hein-Hoyer-Str

Stresemannstr

Thadenstr

Gilbertstr

Bernstorffstr

Otzenstr

Grosse Freiheit

42

Paul-Roosen-Str

Holstenstr

Wohlers Allee

Rubriques

Les incontournables	p. 102
À voir	p. 108
Se restaurer	p. 111
Prendre un verre	p. 114
Sortir	p. 118
Shopping	p. 121

200 m

0

N

Planten un Blomen

Grosse Wallanlagen

Glacischaussee

Sankt Pauli et la Reeperbahn

5
6
7
8

A
B
C
D
E
F

Holstenwall

Musée d'Histoire de Hambourg
4

St Pauli
Millerntorplatz

Hamburg Touren 13 Tanzende Türme
Reeperbahn
23 41 2

Elbpark

Alfred-Wegener-Weg

Venusberg

Böhmkenstr

Helgoländer Allee

Seewartenstr

39

Landungsbrücken

Gare ferroviaire

Ditmar-Koel-Str

Hadag
9
14
15
Abicht

Rickmer Rickmers

Landungsbrücken

Zone portuaire

Port de Sankt Pauli

Zirkusweg

ST PAULI

Simon-von-Utrecht-Str

Seilerstr

22

Marché de nuit de Sankt Pauli
1

Panoptikum
6

33
36

Kastanienallee

Hopfenstr

Vieux tunnel sous l'Elbe

St-Pauli-Hafenstr

Maritime Circle Line

16
11
32

47
43
Reeperbahn

Hein-Hoyer-Str

Davidstr

Herbertstr

Bernhard-Nocht-Str

30

Erichstr

49

40

Gerhardstr
53

Talstr

25
35
34

44
50

Balduinstr

Grosse Freiheit

Memorial du Star Club
45
28

12
8
37

Beatles-Platz
3

31

Hein Köllisch Platz

Friedrichstr

Park Fiction
7
27
St-Pauli-Fischmarkt

Marché au poisson

Louise-Schroeder-Str

Holstenstr

29
Reeperbahn

Reeperbahn

Friedrichstr

19

Voir

Même les touristes peu enclins aux soirées débridées dans les quartiers chauds jettent rapidement un coup d'œil à la Reeperbahn de Sankt Pauli, ne serait-ce que par curiosité. Attirée par son exubérante collection de bars, de sex-shops, de spectacles de music-hall, de pubs et de cafés regroupés sous le nom global de "Kiez", la foule se presse dès 16h le week-end dans cette avenue estampillée de longue date "quartier des plaisirs". Les musées et édifices dignes d'intérêt ne sont toutefois pas absents.

Marché de nuit de Sankt Pauli
MARCHÉ

1 ⦿ PLAN P. 106, D6

Le mercredi, dès le milieu de l'après-midi, les étals de produits alimentaires du marché de nuit investissent la Spielbudenplatz. Des groupes jouent de la musique (généralement vers 18h ou 19h) et les endroits où s'asseoir pour boire une bière abondent. (Sankt Pauli Nachtmarkt ; Spielbudenplatz ; ⏱16h-23h mer avr-sept, jusqu'à 22h oct-mars)

Tanzende Türme
ARCHITECTURE

2 ⦿ PLAN P. 106, E6

Dominant l'accès est de Sankt Pauli depuis 2011, les "tours dansantes" font désormais partie intégrante du paysage urbain de Hambourg. Ces deux gratte-ciel, dont la forme déviée de la verticale évoque un couple de danseurs de tango, s'élèvent à l'emplacement d'un célèbre dancing et sont magnifiquement illuminés la nuit. (Reeperbahn 1 ; Ⓤ St Pauli)

Beatles-Platz
PLACE

3 ⦿ PLAN P. 106, B6

Conçue pour ressembler à un vinyle, cette place ronde accueille des silhouettes métalliques à l'effigie des Beatles, dont un hybride des batteurs Ringo Starr et Pete Best. (Ⓢ Reeperbahn)

Musée d'Histoire de Hambourg
MUSÉE

4 ⦿ PLAN P. 106, F5

Ce musée a tout pour séduire les enfants : des maquettes de vaisseaux, un immense circuit de train électrique miniature et même le pont d'origine du vapeur *Werner*. En retraçant l'évolution de la ville, il dévoile des anecdotes, comme le fait que la Reeperbahn était jadis le fief des fabricants de corde (*reep* en allemand). À noter aussi une intéressante exposition sur l'histoire de la population juive de Hambourg. (Museum für Hamburgische Geschichte ; ☎040-428 412 380 ; www.hamburgmuseum.de ; Holstenwall 24 ; adulte/enfant 9,50 €/gratuit ; ⏱10h-17h lun et mer-sam, jusqu'à 18h dim ; ♿ ; Ⓤ St Pauli)

Flakturm IV
ARCHITECTURE

5 ⦿ PLAN P. 106, E2

À la lisière nord de Sankt Pauli, ce sombre blockhaus faisait partie d'un ensemble de huit tours anti-aériennes construites en Allemagne et en Autriche durant la Seconde Guerre mondiale. Il servait aussi d'abri contre les bombardements, quelque 18 000 personnes pouvant trouver refuge entre ses murs en béton de 3,5 m d'épaisseur. Le club Uebel und Gefährlich (p. 117) occupe à présent les lieux. (Feldstrasse 66 ; **U** Feldstrasse)

Panoptikum
MUSÉE DE CIRE

6 PLAN P. 106, D6

Plus de 120 personnages en cire répartis sur quatre étages, de la reine Élisabeth II au pape Benoît XVI en passant par Angelina Jolie et la drag-queen Olivia Jones, figure de Sankt Pauli. (📞 040-310 317 ; www.panoptikum.de ; Spielbudenplatz 3 ; adulte/enfant 6,50/4,50 € ; ⊘ 11h-21h lun-ven, jusqu'à minuit sam, à partir de 10h dim ; **U** St Pauli)

Park Fiction
PARC

7 PLAN P. 106, B7

Un espace vert alternatif au bord de l'Elbe, créé à l'initiative des habitants du quartier, où l'on peut s'asseoir dans l'herbe à l'ombre de faux palmiers. (www.park-fiction.net ; Antonistrasse ; **S** Reeperbahn)

Mémorial du Star Club
MÉMORIAL

8 PLAN P. 106, B5

La mythique salle de concert et dancing ouverte en 1962 qui contribua à lancer les Beatles a hélas brûlé dans un incendie. Une plaque commémorative indique son ancien emplacement, désormais celui d'un karaoké thaïlandais. (Grosse Freiheit 39 ; **S** Reeperbahn)

Beatles-Platz

MC PHOTO/CHODE/ALAMY ©

Spielbudenplatz

Il se passe toujours quelque chose sur la Spielbudenplatz. Outre le marché nocturne de Sankt Pauli (Nachtmarkt, p. 108) chaque mercredi, la place accueille d'autres événements récurrents :

- Bars dans des containers et concerts tous les jours à partir de 16h d'avril à septembre.

- *Food trucks* le jeudi de 17h à 23h d'avril à octobre et de 18h à 21h de janvier à mars.

- Marché aux puces les premiers dimanches de juin et de septembre.

- St Pauli Food Truck Festival (p. 120) en mai et septembre.

- Marché de Noël de Sankt Pauli de fin novembre au 23 décembre

Voir le site www.spielbudenplatz.eu pour plus de détails.

Rickmer Rickmers
MUSÉE

9 PLAN P. 106, F8

Le trois-mâts en fer *Rickmer Rickmers* (1896) a été converti en navire musée. Le restaurant sur le pont offre une belle vue du port. (040-319 5959 ; www.rickmer-rickmers.de ; Ponton 1a ; adulte/enfant 5/3 € ; 10h-18h ; S Landungsbrücken)

Beatles Tour
CIRCUIT À THÈME

10 PLAN P. 106, E2

Pour un aperçu amusant des débuts des Beatles à Hambourg, essayez ce circuit conduit par la sympathique Stephanie Hempel au départ de la station d'U-Bahn Feldstrasse. Entrée du musée de Sankt Pauli et petit concert compris. (040-3003 3790 ; www.hempels-musictour.com ; circuit 28 € en allemand ou anglais ; 18h sam avr-nov ; U Feldstrasse)

Maritime Circle Line
CIRCUIT EN BATEAU

11 PLAN P. 106, C8

Ces navettes relient entre eux les sites touristiques du port de Hambourg, dont le musée de l'Émigration BallinStadt et le Miniatur Wunderland. Le circuit complet dure une bonne heure et demie. Les passagers peuvent monter et descendre à n'importe quel arrêt. (040-2849 3963 ; www.maritime-circle-line.de ; Landungsbrücken 10, quai 10 ; adulte/enfant 16/8 € ; U & S Landungsbrücken)

Abenteuer Hamburg
CIRCUITS À THÈME

12 PLAN P. 106, B5

Parmi les différentes visites guidées de ce tour-opérateur, le circuit "Sex & Crime" (23 €)

réservé aux adultes sort véritablement du lot. Il aborde les turpitudes de Sankt Pauli avec humour et à grand renfort d'anecdotes. (☎040-7566 3399 ; www.abenteuer-hamburg.com ; Simon-von-Utrecht-Strasse 1 ; Ⓢ Reeperbahn)

Hamburg Touren CIRCUITS À THÈME

13 ◉ PLAN P. 106, E5

Si cette compagnie dynamique organise aussi des visites de la Philharmonie de l'Elbe, elle vaut surtout pour ses circuits nocturnes "St Pauli by Night" (2 heures ; 24,90 €) et "Sex, Drugs & Currywurst" (2 heures ; 29,90 €) dans l'univers trouble du quartier. Départ à 20h de la station d'U-Bahn Sankt Pauli. Réservation recommandée. (☎040-3863 3997 ; www.hamburg-erlebniswelt.de ; circuits 15-30 € en allemand ou anglais; Ⓤ St Pauli)

Hadag CIRCUITS EN BATEAU

14 ◉ PLAN P. 106, E8

Croisières classiques dans le port, circuits plus originaux sur le cours inférieur de l'Elbe (avr-sept) et navettes le long du fleuve. (☎040-311 7070 ; www.hadag.de ; Brücke 2 ; croisière de 1 heure dans le port adulte/enfant à partir de 18/9 € ; ⊙ tlj avr-sep, sam et dim oct-mars ; Ⓤ & Ⓢ Landungsbrücken)

Abicht CIRCUITS EN BATEAU

15 ◉ PLAN P. 106, E8

Outre des croisières prisées dans le port, Abicht propose le samedi soir des circuits nocturnes passant devant les entrepôts illuminés.

L'Alter Elbtunnel

Inauguré en 1911, le vieux tunnel sous l'Elbe est une véritable prouesse technique. D'une profondeur de 24 m et d'une longueur de 426 m il relie Sankt-Pauli à l'île de Steinwerder sur l'autre rive. Construit à l'époque pour faciliter le transport des ouvriers des chantiers navals d'une rive à l'autre, c'est aujourd'hui une promenade insolite, à pied ou à vélo. À ne pas manquer pour mesurer l'ingéniosité technique, découvrir les céramiques sur les parois du tunnel et admirer la vue sur la ville depuis l'autre rive. (☎040-4284 74802 ; ⊙24h/24 piétons et cyclistes ; gratuit)

Horaires de départ en fonction des marées. (☎040-317 8220 ; www.abicht.de ; Brücke 1 ; excursion de 1 heure adulte/enfant 20/10 € ; ⊙12h avr-oct ; Ⓤ Landungsbrücken, Ⓢ Landungsbrücken)

Se restaurer

Pour échapper au quartier chaud pour touristes, il suffit de s'écarter un peu de la Reeperbahn. Les rues au nord, en particulier, dissimulent des places tranquilles et des cafés branchés. Plus l'on s'éloigne de l'avenue, plus les chances de bien manger augmentent (sauf à 4h du matin, auquel cas les nombreux fast-foods de l'artère feront bien l'affaire). Juste au bord de l'eau se tiennent des stands de glaces, de poisson frit et autres victuailles à emporter.

Fischbrötchenbude Brücke 10 PRODUITS DE LA MER €

16  PLAN P. 106, C8

À Hambourg, les vendeurs de sandwichs au poisson sont légion, mais cet établissement moderne, propre et animé prépare selon nous les meilleurs. Goûtez un classique *Bismarck* (hareng mariné au vinaigre) ou un *Matjes* (hareng saur), à moins de vous faire plaisir avec un gros sandwich aux crevettes. Jolies tables en terrasse. (📞040-3339 9339; www.bruecke-10.de ; Landungsbrücken, jetée 10 ; sandwichs 3-9,50 € ; ⏰10h-22h ; Ⓢ& Ⓤ Landungsbrücken)

Pauline CAFÉ €

17 PLAN P. 106, C2

Cachée dans une rue résidentielle, cette élégante adresse a la faveur de la population locale, qui n'a pas su garder le secret. Excellents petits-déjeuners, mini-carte choisie à midi (quiches, pâtes et salades) et super brunch dominical (à 10h et 12h30). (📞040-4135 9964 ; www.pauline-hamburg.de ; Neuer Pferdemarkt 3 ; plats 3-10 €, brunch dim 18,70 € ; ⏰8h30-16h lun-ven, 9h-18h sam, 10h-18h dim ; Ⓤ Feldstrasse)

Konditorei Holger Rönnfeld PÂTISSERIE €

18 PLAN P. 106, C4

Une pâtisserie traditionnelle aux effluves alléchants où les

Sandwich au poisson au Fischbrötchenbude Brücke 10

DIRK RENCKHOFF/ALAMY ©

tentations abondent. Goûtez par exemple les *nussecken* (triangles aux noix et au chocolat) croquants. (☎040-313 536 ; www.hochzeitstorten-hamburg.de ; Hein-Hoyer-Strasse 52 ; en-cas à partir de 2 € ; 🕑6h30-18h lun-ven, jusqu'à 16h sam ; Ⓢ Reeperbahn, Ⓤ St Pauli)

Fischerhaus

FRUITS DE MER €€

19 PLAN P. 106, A8

Sans doute le top des restaurants de poisson du Fischmarkt avec places assises, le Fischerhaus comporte trois espaces différents – la salle Hafenblick brille par sa vue, tandis que la salle Rustikal, plus familiale et décontractée, offre des prix légèrement inférieurs. La maison a pour spécialité le poisson frit, mais rien ne déçoit. (☎040-314 053 ; www.restaurant-fischerhaus.de ; St Pauli Fischmarkt 14 ; plats 9-25 € ; 🕑11h30-22h30 ; Ⓤ Reeperbahn)

Markt Koenig

ALLEMAND €€

20 PLAN P. 106, D2

Ne vous fiez pas à l'emplacement, dans une halle de restauration et à côté d'un supermarché, car ce lieu au design moderne prépare de savoureuses spécialités du cru, dont plusieurs recettes d'escalopes viennoises, des rôtis et des *curry bratwurst,* ainsi que des steaks à prix honnête. On peut également y prendre le petit-déjeuner. (☎040-4309 6135 ; www.markt-koenig.de ; Neuer Kamp 31, Rindermarkthalle ; plats 9-18 € ; 🕑10h-minuit dim-jeu, jusqu'à 1h ven et sam ; Ⓤ Feldstrasse)

Brachmanns Galeron

ALLEMAND €€

21 PLAN P. 106, C4

Un restaurant et bar à whisky lumineux où dominent les plats typiques de la Souabe (région de Stuttgart), comme les *Spätzle,* une sorte de pâtes aux œufs. (☎040-6730 5123 ; www.brachmanns-galeron.de ; Hein-Hoyer-Strasse 60 ; plats 9-17 € ; Ⓤ St Pauli, Feldstrasse)

Le Kaschemme

EUROPÉEN €€

22 PLAN P. 106, D5

Commencez votre virée nocturne à Sankt Pauli par ce café-restaurant au cadre sobre et à la bonne carte paneuropéenne. En quittant sa terrasse sur le trottoir, vous n'aurez pas loin à aller car les bars abondent dans le secteur. (☎040-5190 6370 ; www.le-kaschemme.de ; Rendsburger Strasse 14 ; plats 8-17 € ; 🕑18h-minuit lun-sam ; Ⓤ St Pauli)

Clouds

INTERNATIONAL €€€

23 PLAN P. 106, E6

La table la plus prestigieuse du quartier, au 23e étage des Tanzende Türme (p. 108), allie espace raffiné et vue imprenable sur toute la ville. La cuisine fait la part belle aux pièces de viande, complétées par quelques plats d'influence française. Réservation indispensable et tenue chic de rigueur. Après le repas, rejoignez le bar Clouds Heaven's (p. 114) au-dessus. (☎040 3099 3280 ; www.clouds-hamburg.de ; Reeperbahn 1, Tanzende Türme ; plats 29-54 € ;

⏱11h30-14h et 17h-23h lun-ven, 17h-23h sam et dim ; Ⓤ St Pauli)

Nil
INTERNATIONAL €€€

24 ✖ PLAN P. 106, C2

Cette adresse à la mode sur trois niveaux décline une offre culinaire aussi variée qu'inspirée reposant sur la saisonnalité et les producteurs locaux. Les mariages de saveurs s'avèrent parfois audacieux. Jardin idyllique en été. (☎040-439 7823 ; www.restaurant-nil.de ; Neuer Pferdemarkt 5 ; plats 19-28 € ; ⏱18h-22h30 mer-dim ; Ⓤ Feldstrasse)

Prendre un verre

Épicentre de la fameuse vie nocturne hambourgeoise, Sankt Pauli et la Reeperbahn regroupent d'innombrables lieux de sortie. Les bars et clubs y côtoient des boîtes de strip-tease, des sex-shops et des boutiques de tatoueur ouvertes tard le soir. Tous les habitants de la ville s'y rendent à un moment ou un autre, sans distinction de classe ou de style, et c'est justement ce qui fait la spécificité du quartier. La plupart des établissements servent volontiers une bière à quiconque peut débourser 3 €. Il y a même à l'occasion des concerts de musiciens prometteurs.

Zur Ritze
BAR

25 🍺 PLAN P. 106, B6

La singularité de ce grand classique de la Reeperbahn, frappe dès qu'on franchit la porte en passant entre la paire de jambes sexy peintes de part et d'autre. Quelques célébrités locales fréquentent l'endroit, un vrai repaire de buveurs à l'ambiance très éclectique. Une salle de boxe occupe le sous-sol. (www.zurritze.com ; Reeperbahn 140 ; ⏱17h-6h lun-jeu, à partir de 14h ven-dim ; Ⓢ Reeperbahn)

Café du Port
CAFÉ

26 🍺 PLAN P. 106, C4

Nous aimons cette charmante adresse pour ses croissants au beurre et ses pâtisseries à déguster avec du bon café dans un cadre intimiste. (☎040-6483 3238 ; www.cafe-du-port.de ; Hein-Hoyer-Strasse 56 ; pâtisseries à partir de 3 € ; ⏱9h-19h dim-mar et jeu, jusqu'à 20h ven et sam ; Ⓤ St Pauli, Ⓢ Reeperbahn)

Golden Pudel Club
BAR, MUSIQUE LIVE

27 🍺 PLAN P. 106, B7

Dans une prison de contrebandiers du XIXe siècle, ce minuscule bar-club est tenu par les membres de l'ancien groupe punk mythique Die Goldenen Zitronen. Il s'agit d'une étape obligatoire dans la tournée des lieux festifs de Sankt Pauli. Nuit après nuit, une clientèle décontractée s'y bousculent pour profiter de son ambiance underground ainsi que des groupes et DJ de qualité. (☎040-3197 9930 ; www.pudel.com ; St-Pauli-Fischmarkt 27 ; ⏱23h-6h ; Ⓢ Reeperbahn)

L'épopée des Beatles à Hambourg

À l'été 1960, le jeune groupe de Liverpool se voit proposer une série de concerts rémunérés à Hambourg, à condition de recruter un batteur. Ce sera Pete Best, qui se joint en août à John Lennon, Paul McCartney, George Harrison et Stuart Sutcliffe.

Les Beatles jouent ainsi dans plusieurs clubs de la célèbre **Grosse Freiheit**. Pendant 48 soirées consécutives de 6 heures, le groupe fait ses armes devant un parterre alcoolisé, avant de gagner le cœur du public. Mais les choses se gâtent quand George, encore mineur, est expulsé en novembre, tandis que Paul et Pete sont arrêtés pour tentative d'incendie criminel. La bande parvient à se soustraire aux autorités allemandes en regagnant l'Angleterre. C'est là, dans leur comté du Merseyside, que les futurs Fab Four commencent à percer, se présentant sur les affiches comme "The Beatles: Direct from Hamburg".

De retour à Hambourg en 1961, le groupe enchaîne 92 concerts et réalise son premier enregistrement digne de ce nom. Le grand manager Brian Epstein et le génial producteur George Martin les prennent alors sous leur houlette. Les Beatles débutent leur carrière avec la maison de disques EMI, qui remplace Pete Best par Ringo Starr, plus professionnel. Le bassiste Stuart Sutcliffe quitte aussi l'aventure. S'ensuivra le succès interplanétaire que l'on connaît.

Clouds Heaven's Bar
BAR À COCKTAILS

Les Highballs (mélanges d'alcool et d'eau gazeuse) et cocktails parfaitement réalisés de ce bar classieux au-dessus du Clouds Restaurant (23 plan p. 106, E6), à l'entrée est Sankt Pauli, séduisent une clientèle cossue. Par beau temps, les chaises longues du Heaven's Nest au sommet invitent à se prélasser en plein air. Code vestimentaire : décontracté chic. (040-3099 3280 ; www.clouds-hamburg.de/bar ; Reeperbahn 1, Tanzende Türme ; 11h30-tard lun-ven, à partir de 12h sam et dim ; St Pauli)

Indra Club
CLUB

28 PLAN P. 106, B5

La première petite salle où se sont produits les Beatles a rouvert, et programme des concerts certains soirs. L'intérieur a cependant beaucoup changé depuis les années 1960. Agréable *Biergarten*. (www.indramusikclub.com ; 64 Grosse Freiheit ; 21h-tard mer-dim ; Reeperbahn)

Molotow

CLUB

29 PLAN P. 106, A5

Bien qu'il ait déménagé pour cause de démolition, ce légendaire club alternatif continue avec la même intensité. (040-310 845 ; www.molotowclub.com ; Nobistor 14 ; 18h-tard ; S Reeperbahn)

Komet
Musik Bar

BAR

30 PLAN P. 106, C7

Seuls les vinyles ont droit de cité dans les soirées à thème quotidiennes de ce bar musical. Au programme : ska, rocksteady, garage punk des années 1960, hip-hop... Le Helga, spécialité douceâtre de la maison, vous fera voir la vie en rose. (040-2786 8686 ; www.komet-st-pauli.de ; Erichstrasse 11 ; 21h-tard ; U St Pauli)

Cafe Geyer

CAFÉ

31 PLAN P. 106, B7

Au printemps, la jolie terrasse tranquille avec vue sur les arbres en fleurs donne envie de s'attarder au soleil devant un verre de vin ou un café. Sinon, on peut venir ici pour prendre le petit-déjeuner ou un repas à prix raisonnable. (040-2393 6122 ; Hein-Köllisch-Platz 4 ; 10h-1h ; S Reeperbahn)

Frau Hedis
Tanzkaffee

CLUB

32 PLAN P. 106, C8

Ce bateau-club inhabituel, amarré au quai 10, est le top du genre,

Docks

grâce à une programmation fournie de DJ invités. En cas de fringale, vous trouverez non loin le meilleur *Fischbrötchen* (p. 111) de Hambourg. (☎0176 8306 1071 ; www.frauhedi.de ; Landungsbrücken Brücke 10 ; 6-15 € ; ⊗19h-tard mer-sam ; ⑤& ⓊLandungsbrücken)

Docks
CLUB

33 PLAN P. 106, D6

Cette vieille institution de la Reeperbahn ne prend pas trop de risques et s'éloigne rarement de ses genres musicaux de prédilection : house sous toutes ses formes, reggae, downtempo et hip-hop. C'est d'ailleurs ce qui lui vaut un public fidèle. (☎040-3178 830 ; www.docks-prinzenbar.de ; Spielbudenplatz 19 ; ⊗23h-6h ven et sam ; ⓊSt Pauli)

Wunderbar
GAY

34 PLAN P. 106, B5

En activité depuis les années 1990, cet extravagant bar gay nimbé de lumière rouge n'a rien perdu de son ambiance trépidante. De la schlager à la house, les DJ mixent un peu de tout. (☎040-317 4444 ; www.wunderbar-hamburg. de ; Talstrasse 14 ; ⊗22h-tard ; ⑤Reeperbahn)

Moondoo
CLUB

35 PLAN P. 106, B6

Au milieu des lieux de débauche de la Reeperbahn subsistent quelques sympathiques boîtes à

l'ancienne comme le Moondoo, fun et décontracté, où se produisent des DJ de talent. (☎040-3197 5530 ; www.moondoo. de ; Reeperbahn 136 ; ⊗23h-7h jeu-sam ; ⑤Reeperbahn)

Prinzenbar
BAR, CLUB

36 PLAN P. 106, D6

Un ancien cinéma décoré de chérubins joufflus, de stucs et de lustres étincelants accueille ce club à l'atmosphère intime, au cœur de Sankt Pauli. Soirées électro chics, indé ou queer et concerts. (☎040-3178 8310 ; www.docks-prinzenbar.de ; Kastanienallee 20 ; ⊗22h-4h ou plus tard ; ⑤Reeperbahn, ⓊSt Pauli)

Gretel & Alfons
CAFÉ-BAR

37 PLAN P. 106, B5

Ce café-bar de nuit n'a guère changé depuis que les Beatles venaient s'y détendre une fois descendus de scène. (www.gretelundalfons.de ; Grosse Freiheit 29 ; ⊗18h-6h ; ⑤Reeperbahn)

Uebel und Gefährlich
CLUB

38 PLAN P. 106, E2

DJ, concerts et soirées animent ce bunker en béton de la Seconde Guerre mondiale, mais aucun son ne s'en échappe. Les portes ouvrent vers 19h en semaine, à minuit les vendredis et samedis. (☎040-3179 3610; www.uebelundgefaehrlich.com ; Feldstrasse 66 ; ⓊFeldstrasse)

Tower Bar
LOUNGE

39 PLAN P. 106, E7

Envie d'une soirée classe à l'écart du tumulte ? Cap sur le bar-lounge au 14ᵉ étage de l'Hotel Hafen, avec vue imprenable sur le port. (☏ 040-311 13 ; www.hotel-hafen-hamburg.de ; Seewartenstrasse 9 ; ⏱18h-2h ; Ⓢ & ⓊLandungsbrücken)

StrandPauli
BAR

40 PLAN P. 106, C7

Une étendue de sable abrite ce "bar de plage" au bord de l'eau surplombant les docks très fréquentés. Soirée tango le mardi. (☏040-2261 3105 ; www.strandpauli.

Un quartier chaud sur le déclin ?

Si l'industrie du sexe bat toujours son plein à Sankt Pauli, certains de ses aspects les plus crus ont disparu. En témoignent les vitrines défraîchies des sex-shops jadis "osés", qui ne présentent plus que des godemichés poussiéreux. Herbertstrasse et ses prostituées exposées comme à Amsterdam subsistent néanmoins. Ce spectacle douteux continue d'en émoustiller certains, d'où les groupes de touristes aux yeux ébahis qui se bousculent dans les rues du quartier les soirs d'été.

de ; St-Pauli-Hafenstrasse 89 ; ⏱11h-23h ; 🚌112)

Sortir

Dans un quartier qui aime se donner en spectacle, ce dernier est bien sûr à l'honneur. Les salles de concert cultes constituent un élément phare des nuits locales, mais il existe aussi des théâtres, des shows à mi-chemin entre strip-tease et burlesque, sans oublier un stade de football quasi mythique.

Mojo Club
JAZZ

41 PLAN P. 106, E6

Un fameux club de jazz au sous-sol des tours de bureaux Tanzende Türme (p. 108), où jouent des pointures locales et internationales. Super ambiance, acoustique de premier ordre et public de connaisseurs. Les heures d'ouverture varient, mais les concerts débutent généralement vers 20h. (☏040-319 1999 ; www.mojo. de ; Reeperbahn 1, Tanzende Türme ; à partir 17 € ; ⏱19h-tard ; ⓊSt Pauli)

Gruenspan
CONCERTS

42 PLAN P. 106, B4

En activité depuis les années 1960, le Gruenspan était alors un repaire de drogués notoire. Devenu depuis l'une des meilleures salles de concert de Sankt Pauli, il programme tous les genres, avec une prédilection pour les auteurs-compositeurs-interprètes – consultez le site Internet. (☏040-313 616 ; www.gruenspan.de ;

Strandpauli

Grosse Freiheit 58 ; ⏰18h-tard ; S̲Reeperbahn)

Théâtre Sankt Pauli THÉÂTRE

43 ⭐ PLAN P. 106, C6

Si vous comprenez l'allemand, ce théâtre se distingue par ses spectacles de qualité, dont parfois des pièces d'avant-garde. (☎040-4711 0666 ; www.st-pauli-theater.de ; Spielbudenplatz 29-30 ; S̲Reeperbahn, U̲St Pauli)

Hasenschaukel CONCERTS

44 ⭐ PLAN P. 106, B6

Des artistes internationaux de rock, folk et musique indé pas encore connus se produisent dans ce club de poche tranquille au décor rose bonbon, avec des poupées rétro en guise de lampes. En-cas végétaliens pour les petits creux. (☎040-1801 2721 ; www.hasenschaukel. de ; Silbersackstrasse 17 ; ⏰21h-1h mar-jeu et dim, jusqu'à 4h ven et sam ; S̲Reeperbahn)

Kaiserkeller CONCERTS

45 ⭐ PLAN P. 106, B5

Aujourd'hui l'un des clubs les plus respectables de la Grosse Freiheit, la deuxième salle dans laquelle jouèrent les Beatles a survécu, mais n'a plus du tout le même look. Concerts réguliers. (Grosse Freiheit 36 ; S̲Reeperbahn)

Stade Millerntor STADE

46 ⭐ PLAN P. 106, D3

Les matchs à domicile de l'équipe de football FC St Pauli se déroulent dans ce stade polyvalent.

Le top des festivals de Sankt Pauli

Schlagermove

Cette extravagante **parade de rue** (www.schlagermove.de) rejouant les années 1970 se déroule à la mi-juillet de la zone portuaire à la Reeperbahn. Tout le monde porte des tenues psychédéliques et défile au son de la pop allemande de l'époque. La fête s'empare aussi des bars et des clubs.

Reeperbahn Festival

Organisé en septembre, ce **festival de musique** (www.reeperbahnfestival.com) couvre tous les genres. Divers lieu de la ville, des clubs glauques aux églises, accueillent alors des concerts de qualité attirant un large public. En 2018, certains se sont même tenus à la Philharmonie de l'Elbe (p. 86) fraîchement inaugurée. Téléchargez l'application de l'événement.

St Pauli Food Truck Festival

Deux fois l'an, d'ordinaire à la mi-mai et début septembre, des **food trucks** (www.spielbudenplatz.eu ; Spielbudenplatz) investissent la Spielbudenplatz pour quatre ou cinq jours.

Hamburger Kabarett-Festival

Ce **festival de cabaret** (www.st-pauli-theater.de ; 🕐 avr ; Ⓤ St Pauli) hébergé par le théâtre Sankt Pauli (p. 119) existe depuis plus de trois décennies. Il présente des spectacles le soir pendant près d'un mois et déborde parfois sur le mois de mai.

(Millerntor-Stadion ; ☎ 040-3178 7451 ; www.fcstpauli.com ; Heiligengeistfeld; Ⓤ Feldstrasse)

Schmidt Tivoli
THÉÂTRE

47 ⭐ PLAN P. 106, C6

Une profusion de comédies musicales, numéros comiques et variétés au ton impertinent figurent à l'affiche du Schmidt Tivoli. Des spectacles de minuit suivent la représentation principale. Ouvert récemment, le **Schmidtchen**

attenant présente des jeunes talents dans une salle plus modeste. (☎ 040-3177 8899 ; www.tivoli.de ; Spielbudenplatz 27-28 ; Ⓤ St Pauli)

Knust
MUSIQUE LIVE

48 ⭐ PLAN P. 106, D2

Excellents concerts et des DJ-sets expérimentaux, slam, raves acoustiques et bien d'autres choses encore, dans un ancien abattoir. (☎ 040-8797 6230 ; www.

knusthamburg.de ; Neuer Kamp 30 ;
19h-tard ; Feldstrasse)

Queen Calavera SPECTACLE VIVANT

49 ⭐ PLAN P. 106, C7

Pilier de la vie nocturne de Sankt
Pauli, ce spectacle burlesque dans
un mouchoir de poche suscite
des avis divergents. Certains y
voient une alternative plus classe
aux boîtes de danse érotique,
d'autres dénoncent la brièveté
des numéros. À vous d'en juger.
(📞040-8515 8795 ; www.home-of-
burlesque.com ; Gerhardstrasse 7 ; 10-
15 € ; 🕐22h-2h jeu, jusqu'à 4h ven et
sam, spectacles 23h ; 🚇Reeperbahn)

Shopping

Même si le shopping n'est pas
le point fort de Sankt Pauli,
quelques boutiques intéressantes
vous attendent au-delà de la
Reeperbahn.

　　Les secteurs de Schanzenviertel
et de Karolinenviertel, fiefs de
la contre-culture, abritent des
magasins de mode vintage et de
musique. Dans la Marktstrasse,
en particulier, vous pourrez
dénicher aussi bien des vêtements
seventies que des tenues de style
Bollywood. On trouve également
des choses originales dans la
Bartelsstrasse.

Crazy Jeans VÊTEMENTS

50 🔒 PLAN P. 106, B6

Les adeptes du look rebelle
fréquentent cette institution de
Sankt Pauli où dominent le noir,
le cuir clouté et le style pirate.
Quelques modèles de marque
apparaissent à l'occasion. (📞040-
7402 3757 ; Reeperbahn 127 ; 🕐12h-
22h ; 🚇Reeperbahn)

Ars Japonica ARTS ET ARTISANAT

51 🔒 PLAN P. 106, C4

Miniatures, articles pour la maison
et autres objets d'art et d'artisanat
japonais d'un goût très sûr,
souvent ornées de calligraphies.
(📞040-319 3875 ; www.arsjaponica.
de ; Hein-Hoyer-Strasse 48 ;
🕐13h-17h mar-ven, 10h30-14h sam ;
🚇Reeperbahn, 🚇St Pauli)

Flohschanze MARCHÉ

52 🔒 PLAN P. 106, E1

Le meilleur marché aux puces
de Hambourg, dans le quartier
branché de Karolinenviertel,
rassemble en plein air des centaines
de marchands pour le plaisir des
chineurs de bibelots pas chers et
les fans de vintage. (Neuer Kamp 30 ;
🕐8h-16h sam ; 🚇Feldstrasse)

Loonies VÊTEMENTS

53 🔒 PLAN P. 106, C6

T-shirts et accessoires estampillés
Sankt Pauli, vêtements rétro et
tout ce qu'il faut pour se forger
une image cool. Nous avons
failli nous laisser tenter par
des bagages à main en vinyle
portant des logos de compagnies
aériennes. (📞040-317 4316 ; www.
loonies.de ; Reeperbahn 115 ; 🕐12h-
21h dim-jeu, jusqu'à 22h ven et sam ;
🚇Reeperbahn)

Explorer

Altona et Elbmeile

Parmi les zones les plus branchés de Hambourg, Altona est le quartier préféré de nombreux visiteurs. Son atmosphère de village a un charme fou, avec ses institutions chics ou décalées, dont de fabuleux restaurants, bars et magasins. Le quartier est particulièrement agréable à l'ouest de la station de S-Bahn et de la gare ferroviaire. Dans la plaine et au bord de l'eau, divers restaurants s'échelonnent dans l'Elbmeile.

Commencez de bon matin, en faisant éventuellement un saut au musée local (p. 128), l'un des rares sites culturels du secteur. Laissez-vous séduire par le chant des oiseaux et le charme discret d'Altona, en flânant de café en boutique. Puis mettez le cap au sud pour rejoindre le bord de l'eau. Par beau temps, vous pourrez admirer la vue sur l'Elbe, les grues et le mouvement perpétuel du port de Hambourg depuis l'Altonaer Balkon (p. 128). Au pied de la colline, les quais d'Altona mérite qu'on s'y attarde – la gamme de cafés, de bars et de restaurants y est large.

Comment y aller et circuler

S La gare ferroviaire d'Altona accueille des liaisons longue distance ; la station de S-Bahn couvre les lignes du réseau souterrain interurbain S1, S2 et S3, ainsi que S11 et S31. Parmi les stations de métro pratiques dans le nord-est du quartier, citons Sternschanze (U3) et Feldstrasse (U3).

Les ferries et le bus n°112 relient l'Elbmeile à Sankt Pauli et au centre-ville.

Plan d'Altona et Elbmeile p. 126

Dockland (p. 128) LOOK DIE BILDAGENTUR DER FOTOGRAFEN GMBH/ALAMY ©

Promenade à pied 🥾

Ottensen, quartier cool et paisible

C'est souvent en découvrant Altona, et plus particulièrement Ottensen, que les visiteurs s'amourachent de Hambourg. Le secteur compte peu de sites au sens classique du terme. En revanche, on a l'impression d'être immergé dans le quotidien de la ville. Ni tape-à-l'œil ni extravagant, Ottensen, à l'ouest de la gare ferroviaire, est peut-être le secteur le plus cool de Hambourg.

La promenade

Départ Mikkels ; Ⓢ Altona
Arrivée Aurel ; Ⓢ Altona
Distance 2 km

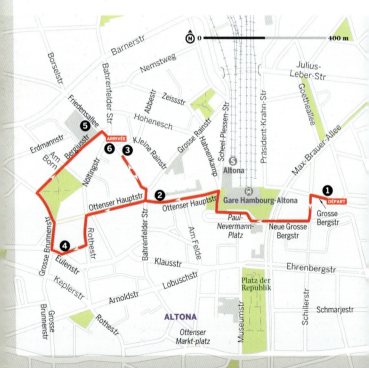

❶ Klippkroog

Nombre d'habitants nous ont dit qu'il s'agissait de leur **café** (☎040-5724 4368 ; www.klippkroog. de ; Grosse Bergstrasse 255 ; plats 7-18 € ; ☉9h-minuit lun-sam, 9h-18h dim) préféré. La spécialité à base d'asperges vertes, de pommes de terre nouvelles et de jambon est excellente, mais il y a aussi quantité de mets plus légers à base d'ingrédients locaux. Les tables en bois, l'espace lumineux et le café excellent parachèvent l'ensemble.

❷ Søstrene Grene

La succursale hambourgeoise de cette **boutique d'articles pour la maison** (www.sostrenegrene.com ; Ottenser Hauptstrasse 20 ; ☉10h-20h lun-mer et sam, 10h-21h jeu-ven), danoise, est l'une des adresses incontournables d'Altona. On y trouve une gamme d'articles qui capture l'essence du design scandinave – simple et élégant, fonctionnel et souvent ludique, tout en restant abordable.

❸ Mikkels

Dans ce **café** (☎040-7699 5072 ; www.mikkels.de ; Kleine Rainstrasse 10 ; plats à partir de 4,50 € ; ☉9h-18h lun-sam, 10h-18h dim) où se mêlent affabilité et tons pastel, vous pouvez toujours profiter du soleil de l'après-midi en terrasse si vous avez raté le petit-déjeuner. Les viennoiseries sont fabuleuses et les plats à base d'œuf 100% bio. Quant au café, il est aussi bon qu'on peut l'espérer.

❹ Atelier Nigoh

Dans ce charmant **atelier** (☎040-6579 6995 ; www.nigoh.de ; Eulenstrasse 62 ; ☉11h-12h30 et 13h30-19h mar-ven, 11h-16h sam), admirez les diverses affiches et cartes postales, dont quantité d'originaux signés de l'artiste, Nina Hasselluhn. Les silhouettes du port de Hambourg feront un formidable souvenir. Nina organise aussi des cours de peinture.

❺ GaumenGanoven

Nous *adorons* ce **bar-restaurant** (☎0176-3293 5179 ; www. gaumenganoven.de ; Friedensallee 7-9 ; plats à partir de 5 € ; ☉12h-15h et 18h-22h mar-mer, 12h-15h et 18h-23h jeu, 12h-15h et 18h-1h ven) décontracté. Prenez des *Dinger* (sortes de tapas ou d'antipasti) au comptoir, installez-vous et dégustez. Quand vous avez terminé, faites les comptes et allez régler – le système est basé sur la confiance et ça fonctionne ! Les mariages de saveurs sont souvent surprenants – crevettes au chili à la mangue et au sésame, poulpe au houmous, etc.

❻ Aurel

L'un des bars favoris d'Altona, l'**Aurel** (☎040-390 2727 ; Bahrenfelder Strasse 157 ; ☉10h30-3h lun-jeu, 10h30-5h ven-sam, 10h30-1h dim) est intimiste et chaleureux en journée, branché et chic le soir. Un DJ pimente les soirées le week-end (avec de la house pour l'essentiel). Notre seul regret ? L'endroit est parfois très enfumé.

Rubriques

- 👁 Voir — p. 128
- ✕ Se restaurer — p. 128
- ♟ Prendre un verre — p. 133
- ⭐ Sortir — p. 134
- 🔒 Shopping — p. 135

0 — 500 m

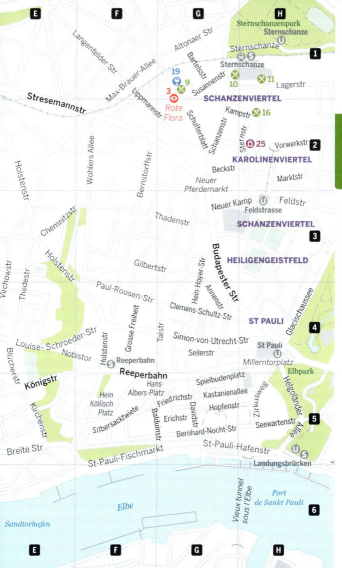

Sternschanzenpark
Sternschanze

Langenfelder Str

Altonaer Str

Bartelsstr

Sternschanze

Sternschanze

Max-Brauer-Allee

Susannenstr

Lippmannstr

19

9

3

Rote Flora

Lagerstr

10

11

SCHANZENVIERTEL

Kampstr

16

Stresemannstr

Schulterblatt

Schanzenstr

Sternstr

25

Vorwerkstr

KAROLINENVIERTEL

Wohlers Allee

Bernstorffstr

Holstenstr

Beckstr

Neuer Pferdemarkt

Marktstr

Neuer Kamp

Feldstr

Feldstrasse

Thadenstr

SCHANZENVIERTEL

Chemnitzstr

Holstenstr

Gilbertstr

Budapester Str

HEILIGENGEISTFELD

Virchowstr

Thedestr

Paul-Roosen-Str

Hein-Hoyer-Str

Annenstr

Clemens-Schultz-Str

Glacischaussee

ST PAULI

Louise- Schroeder-Str

Grosse Freiheit

Talstr

Simon-von-Utrecht-Str

St Pauli

Nobistor

Holstenstr

Seilerstr

Millerntorplatz

Elbpark

Blücherstr

Reeperbahn

Reeperbahn

Helgolander Allee

Königstr

Hans- Albers-Platz

Spielbudenplatz

Kirchenstr

Hein Köllisch Platz

Friedrichstr

Davidstr

Kastanienallee

Zirkusweg

Silbersacktwiete

Baldiunstr

Erichstr

Hopfenstr

Seewartenstr

Breite Str

Bernhard-Nocht-Str

St-Pauli-Hafenstr

St-Pauli-Fischmarkt

Landungsbrücken

Vieux tunnel sous l'Elbe

Port de Sankt Pauli

Sandtorhafen

Elbe

E F G H

Altona et Elbmeile

Voir

Altonaer Balkon

POINT DE VUE

1 PLAN P. 126, C6

Profitez de l'un des plus beaux panoramas du port de Hambourg depuis ce joli parc haut perché. (balcon Altona ; près de Klopstockstrasse ; **S** Königstrasse)

Dockland

ARCHITECTURE

2 PLAN P. 126, B6

Le Dockland, l'un des édifices les plus surprenants de Hambourg, a été achevé en 2006. Il affiche des angles formidablement aigus et offre une vue fabuleuse depuis sa terrasse sur le toit. Au premier regard, il évoque un bateau de croisière amarré sur les quais. (Van-der-Smissen-Strasse 9 ; 🚌 112, **S** Königstrasse)

Vaut le détour : la Barclaycard Arena

L'immense **Barclaycard Arena** (📞 040-806 020 80 ; www.barclaycard-arena.de ; Sylvesterallee 7 ; ⏰ billetterie 11h-18h lun-ven, 9h-14h sam, plus 2 heures avant les matchs), rénovée pour la Coupe du monde de football en 2006, accueille les matchs du Hambourg SV (www.hsv.de). Prenez le S-Bahn n°21 ou n°3 jusqu'à "Stellingen", puis une navette gratuite pour rallier le stade. Pour voir un match, appelez la ligne directe ou allez à la billetterie près de la porte E2.

Rote Flora

CENTRE CULTUREL

3 PLAN P. 126, G1

Vestige étonnant de la période sombre du quartier, le Rote Flora, couvert de graffitis, semble à deux doigts de la démolition. Jadis siège du fameux Flora Theatre, il abrite aujourd'hui un centre culturel alternatif avec une programmation de musique actuelle, de manifestations et d'événements. La ville lui a permis d'échapper à la vague d'embourgeoisement en 2014. (📞 040-439 5413 ; www.roteflora.de ; Schulterblatt 71 ; ⏰ horaires variables ; **S** Sternschanze)

Altonaer Museum

MUSÉE

4 PLAN P. 126, C4

Ce musée d'un intérêt modéré est dédié à l'art et à la culture du nord de l'Allemagne depuis le XVIIIe siècle. Plus surprenant, il s'intéresse à la culture enfantine avec une merveilleuse "maison des livres pour enfants". On ne traversera pas la ville pour le visiter, mais l'endroit mérite une demi-heure si vous passez dans le coin. (📞 040-428 1350 ; www.altonaermuseum.de ; Museumstrasse 23 ; adulte/enfant 8,50 €/gratuit ; ⏰ 10h-17h lun et mer-ven, 10h-18h sam-dim ; **S** Altona)

Se restaurer

Vous trouverez des dizaines de restaurants décontractés et multiculturels dans le quartier à l'esprit village autour de la gare ferroviaire d'Altona, surtout dans le secteur d'Ottensen à l'ouest.

Rote Flora

La partie ouest des berges de Hambourg, entre Altona et l'Övelgönne, surnommée l'Elbmeile, affiche une grande concentration de restaurants branchés – dont la carte s'inspire souvent de l'emplacement en bordure de fleuve.

Tide CAFÉ-ÉPICERIE €

5  PLAN P. 126, A4

Le Tide contribue largement à la réputation d'Ottensen comme haut lieu de la gastronomie hambourgeoise. Il fait à la fois café (sandwichs, soupes, gâteaux et cafés) et épicerie fine (confitures maison à base de baies sauvages, huiles d'olive). Décoré de bois flotté provenant de plages danoises – certaines œuvres sont en vente – le Tide déborde de saveurs et de créativité. (040-4111 1499 ; www.tide.dk ; Rothestrasse 53 ; plats à partir de 5 € ; 8h-18h lun-ven, 10h-18h sam-dim ; Altona)

Flying Market VIETNAMIEN €

6  PLAN P. 126, A4

Les restaurants vietnamiens font fureur à Hambourg, notamment cette adresse, réputée pour ses soupes (*phở*), plats de nouilles et salades de vermicelles de riz (*bun*). (040-8460 0904 ; Eulenstrasse 38 ; plats 8-12,50 € ; 12h-22h ; Altona)

Eiscafe Eisliebe GLACES €

7  PLAN P. 126, A4

Chez ce minuscule glacier (guettez la file d'attente) vous trouverez des boules de glace vraiment succulentes. Chaque jour, on y prépare une dizaine de parfums maison et 100% naturels. Fabuleuses créations à base de baies. (☎040-3980 8482 ; Bei der Reitbahn 2 ; glaces à partir de 1,50 € ; ◷12h-21h ; ⑤Altona)

Mercado
ÉPICERIE FINE €

8 ✖ PLAN P. 126, B4

Dans ces halles marchandes près de la gare d'Altona, traquez d'excellents produits de bouche. On y trouve aussi bien des produits méditerranéens frais que des vins raffinés au verre dans une ambiance cosmopolite de plus en plus caractéristique d'Ottensen. (☎040-398 6840 ; www.mercado-hh. de ; Ottenser Hauptstrasse 10 ; plats à partir de 4,50 € ; ◷9h-20h ; ⑤Altona)

Super Mercato Italiano
CAFÉ €

9 ✖ PLAN P. 126, G1

Ici, l'atmosphère alternative est savamment contrebalancée par un café-épicerie italien très traditionnel, en face du mythique centre culturel Rote Flora. Trois générations de propriétaires se relaient pour vous préparer un *caffè* parfait, à savourer sur le large trottoir à l'avant, au milieu des nombreux cafés ethniques voisins. (☎040-434 114 ; www.super-mercato-italiano.net ; Schulterblatt 82 ; en-cas à partir de 3 € ; ◷8h-18h lun-sam ; ⑤Sternschanze)

Bullerei
INTERNATIONAL €€

10 ✖ PLAN P. 126, G1

Le Bullerei, l'un des restaurants les plus branchés de la ville, est

Klippkroog (p. 125)

Vaut le détour : Blankenese

Ancien village de pêcheurs et repaire de flibustiers, Blankenese, à 8 km à l'ouest d'Altona, recèle aujourd'hui quelques-unes des maisons les plus belles et les plus chères d'Allemagne. Pour les visiteurs, le charme du secteur tient à son lacis d'étroites rues pavées à flanc de colline, reliées par 58 escaliers (pour 4 864 marches au total). Commencez par admirer les luxueuses villas au bord de l'eau, avant d'emprunter les ruelles intérieures.

Pour venir ici, prenez la ligne S1 jusqu'à la station Blankenese. Le quartier figure dans le réseau urbain de Hambourg ; depuis le centre, comptez 3,30 € pour un billet aller (même s'il est conseillé d'acheter un forfait journalier à 6,40 €).

logé dans un ancien abattoir mêlant de jolis plafonds hauts et une animation bourdonnante qui rebondit d'un mur à l'autre – évitez de venir ici pour un dîner calme et romantique. Les serveurs sont sympathiques et à l'écoute, tandis que la carte tourne autour des steaks et des plats d'influence italienne. (☏040-3344 2110 ; www.bullerei.com ; Lagerstrasse 34b ; plats 10-25 € ; ⏱11h-23h ; ⓢSternschanze)

Altes Mädchen   EUROPÉEN €€

11 🍴 PLAN P. 126, H1

Une destination culinaire tendance vous attend dans cet ancien marché aux bestiaux en brique rouge du XIXe siècle. Les hautes salles abritent un torréfacteur, un restaurant au chef prestigieux et un formidable pub-brasserie – l'Altes Mädchen – doté d'un bar central, d'une boulangerie et d'un jardin. (☏040-800 077 750 ; www.altes-maedchen.com ; Lagerstrasse 28b ; plats 6-29 € ;

⏱12h-tard lun-sam, 10h-tard dim ; ⓢSternschanze, ⓤSternschanze)

Von Der Motte   RESTAURATION RAPIDE €€

12 🍴 PLAN P. 126, B4

Dans une minuscule rue piétonne, ce lieu propose soupes, sandwichs et salades – le service est rapide, mais la cuisine est mitonnée. Grand choix de petits-déjeuners et excellents sandwichs. (☏040-8470 3618 ; www.vondermotte.de ; Mottenburger Twiete 14 ; plats 8-12 € ; ⏱10h-21h mar-ven, 10h-18h sam-dim ; ⓢAltona)

Eisenstein   ITALIEN €€

13 🍴 PLAN P. 126, A3

Venez déguster les meilleures pizzas d'Altona dans un espace habilement conçu, où la cuisine est toujours de qualité et l'ambiance plaisante tous les soirs. Une adresse extrêmement populaire. Excellent petit-déjeuner buffet (21 €). (☏040-390 4606 ;

Altonale, festival de rue d'Altona

Quel bonheur d'être à Altona début juillet, lorsque ce **festival** (www.altonale.de/altonale) de rue bat son plein. Préparez-vous à presque trois semaines de festivités, mêlant restauration, spectacles (musique, danse, théâtre, etc.) et *street art* de premier plan. À noter le marché aux puces le dernier week-end.

www.restaurant-eisenstein.de ; Friedensallee 9 ; déj plats à partir de 7 € , pizza 9-15 € , dîner menu 3/4 plats 34/39 € ; ⏱12h-1h ; ⑤Altona)

Atlantik Fisch   PRODUITS DE LA MER €€

14 🍴 PLAN P. 126, D6

Propriété de l'un des meilleurs pourvoyeurs de poisson de Hambourg, ce bijou de l'Elbmeile est un café tout simple, où savourer des plats de haut vol sur des bancs en bois à l'intérieur ou à l'extérieur. Le *Fischbrötchen* (sandwich au poisson), proposé en 20 déclinaisons, est l'un des meilleurs de la ville. (📞040-391 123 ; www.atlantik-fisch.de ; Grosse Elbstrasse 139 ; plats 8-18 € ; ⏱6h-16h lun-ven, 7h-16h sam ; 🚌112, ⑤Altona, Königstrasse)

Jools   CAFÉ €€

15 🍴 PLAN P. 126, A5

Situé dans la partie ouest d'Altona, le Jools est un café-restaurant où l'on sert risotto, pâtes, *Currywurst*

et burgers. Plats savoureux, service agréable et atmosphère décontractée. (📞040-8812 8646 ; www.jools-hamburg.de ; Bernadottestrasse 20 ; petit-déj à partir de 6 € , plats 8-14 € ; ⏱10h-22h mar-sam, 10h-19h dim ; ⑤Altona)

Erikas Eck   ALLEMAND €€

16 🍴 PLAN P. 126, H2

À l'origine, cette institution nourrissait les travailleurs de l'abattoir voisin (aujourd'hui occupé par le marché de viande en gros). Elle propose des *Schnitzel* aussi abordables qu'imposantes et d'autres spécialités allemandes à une clientèle éclectique de clubbers, de chauffeurs de taxi et de policiers. (📞040-433 545 ; www. erikas-eck.de ; Sternstrasse 98 ; plats 8-13 € ; ⏱17h-14h lun-ven, 17h-9h sam-dim ; 🚉Sternschanze)

Restaurant Kleinen Brunnenstrasse 1   EUROPÉEN €€€

17 🍴 PLAN P. 126, A4

Le cœur du mouvement Slow Food du nord de l'Allemagne bat dans ce bistrot délicieux. Renouvelée chaque jour, la carte comporte *systématiquement* des produits frais et de saison. Les préparations sont simples, ce qui permet aux saveurs de briller. Places en terrasse l'été ; réservez. (📞040-3990 7772 ; www.kleine-brunnenstrasse.de ; Kleinen Brunnenstrasse 1 ; plats déj 12-23 € , plats dîner 18-26 € ; ⏱12h-15h et 18h-22h lun-ven, 18h-22h sam-dim ; ⑤Altona)

Fischereihafen
FRUITS DE MER €€€

18 PLAN P. 126, C6

Le Fischereihafen, près de l'Elbmeile, sert l'un des meilleurs poissons de Hambourg à une clientèle aisée. Si l'extérieur est simple, l'élégante salle d'inspiration maritime au 1ᵉʳ étage donne sur l'Elbe. Ici, le homard est préparé de plusieurs façons. Quant à l'Oyster Bar, c'est un écrin raffiné (📞040-381 816 ; www.fischereihafenrestaurant.de ; Grosse Elbstrasse 143 ; déj plats 12-18 € ; dîner plat 16-55 € ; 🕑11h30-22h ; **S**Altona, Königstrasse)

Prendre un verre

Si les bars de qualité sont une marque de fabrique d'Altona, on est bien loin de la Reeperbahn. Ici, les lieux sont plus petits et plus intimistes. Nombre d'entre eux font aussi café en journée, dans la plus pure tradition du quartier.

Katze
BAR À COCKTAILS

19 PLAN P. 126, G1

Petit et élégant, le "chat" vous fera ronronner de plaisir avec ses cocktails abordables (la meilleure caïpirinha de la ville) et où on danse le week-end. L'un des bars les plus populaires du secteur festif de Schanzenviertel. (📞040-5577 5910 ; Schulterblatt 88 ; 🕑13h-3h lun-sam, 13h-minuit dim ; **S**Sternschanze)

Reh Bar
BAR

20 PLAN P. 126, A4

Si l'on pouvait mettre l'esprit d'Altona en bouteille, c'est ici qu'on viendrait le boire. Ce bar accueillant,

Fischereihafen

convient aussi bien pour un café matinal que pour un cocktail de fin de soirée. Clientèle de jeunes actifs locaux. (040-3990 6363 ; Ottenser Hauptstrasse 52 ; 10h-minuit dim-mer, 10h-2h jeu, 10h-4h ven-sam ; S Altona)

Familien-Eck   PUB

21 🚌 PLAN P. 126, B3

Quoique minuscule, cette institution d'Altona incarne le bar de quartier idéal à Hambourg : accueillant, sans prétention. (040-9823 7896 ; www.familieneck.de ; Friedensallee 2-4 ; 15h-5h ; 🚇 Altona)

Café Knuth   CAFÉ

22 🚌 PLAN P. 126, B4

Ici, étudiants, créatifs et collègues de travail viennent bavarder autour d'un café dans les espaces *lounge*

sur plusieurs niveaux. Sinon, on peut siroter un verre en plein air. Arrivez de bonne heure pour petit-déjeuner. En soirée, l'endroit est tout aussi populaire. (040-4600 8708 ; www.cafeknuth.com ; Grosse Rainstrasse 21 ; 9h-tard ; 📶 ; S Altona)

Sortir

Zeise Kino   CINÉMA

23 ⭐ PLAN P. 126, A3

Cet excellent cinéma d'art et d'essai snobe les grosses productions et diffuse les films en version originale (avec sous-titres en allemand) le mardi. Sinon, vous devrez parler la langue de Goethe. Le pop corn est gratuit. (040-3060 3682 ; www.zeise.de ; Friedensallee 7-9 ; tickets 8 € ; S Altona)

Aurel (p. 125)

Fabrik

SPECTACLES

24 ⭐ PLAN P. 126, B3

Ce lieu emblématique d'Altona, installé dans une ancienne usine, programme aussi bien du classique que de la musique de club. Théâtre et cinéma sont aussi au programme. (📞 040-391 070 ; www.fabrik.de ; Barnerstrasse 36 ; Ⓢ Altona)

Shopping

À Altona, les meilleures adresses de shopping vous attendent dans les rues à l'ouest de la station de S-Bahn et de la gare ferroviaire.

Wohnkultur 66

ARTICLES POUR LA MAISON

25 🔒 PLAN P. 126, H2

À WohnKultur 66, le goût pour le fameux fabricant de meubles danois Finn Juhl s'est transformée en engouement pour le design danois en général. Nombre des pièces vendues ici sont des œuvres d'art, avec des tarifs en conséquence, mais une exposition idéale au sein d'un entrepôt reconverti. (📞 040-436 002 ; www.wohnkultur66.de ; Sternstrasse 66 ; 🕐 12h-18h mar-ven, 12h-16h sam ; Ⓤ Feldstrasse)

Krupka

CHAUSSURES

26 🔒 PLAN P. 126, A4

Dans ce paradis de la chaussure racée qui sent bon le cuir, on vend des marques rares pour femmes et des créations maison. L'une des nombreuses boutiques séduisantes

Vaut le détour : Süllberg

Le meilleur endroit pour admirer l'Elbe (qui fait presque 3 km de large ici) et les porte-conteneurs qui arpentent ses eaux est le **Süllberg** (Süllbergweg), une colline haute de 75 m. Pour y arriver, prenez le S-Bahn jusqu'à Blankenese, puis le bus n°48 jusqu'à Waseberg, après avoir dépassé les restaurants et les cafés du front de fleuve ; à Waseberg, vous verrez un panneau indiquant le Süllberg voisin. Si vous descendez à l'arrêt de bus Krögers Treppe (Fischerhaus), remontez la Bornholdt Treppe et le Süllbergweg. Sinon, descendez quand la route commence à serpenter et partez en exploration.

dans le secteur. (📞 040-3990 3847 ; www.krupka-schuhe.de ; Ottenser Hauptstrasse 55 ; 🕐 10h-19h lun-ven, 10h-17h sam ; Ⓢ Altona)

Ply

ARTICLES POUR LA MAISON

27 🔒 PLAN P. 126, B4

Ici, les meubles des années 1920 à 1960 adaptés au goût du jour offrent une plongée fascinante dans l'histoire du mobilier allemand. On a envie de tout acheter et les pièces les plus récentes sont heureusement très raisonnables. (📞 040-2281 3330 ; www.ply.com ; Kleine Rainstrasse 44 ; 🕐 10h-19h lun-ven, 10h-16h sam ; Ⓢ Altona)

Vaut le détour 🔭

Lübeck

Joyau du XIIe siècle comptant plus de 1 000 édifices historiques, Lübeck affiche une allure enchanteresse qui rappelle qu'elle fut la capitale de la puissante Ligue hanséatique. Elle est d'ailleurs surnommée la "reine de la Hanse". De nos jours, cette ville de province prospère conserve de nombreux lieux magnifiques à découvrir.

Comment y aller

🚆 Il y a des trains toutes les heures entre Lübeck et Hambourg (14,50 €, 45 min).

Musée hanséatique européen

Cet excellent musée relate l'histoire de la Ligue hanséatique de Lübeck. Durant 600 ans, les cités-États d'Europe du Nord et des bords de la Baltique, plutôt que de se faire la guerre, ont privilégié la défense de leurs intérêts économiques et marchands. La présentation des collections recourt aux technologies les plus modernes pour conter une histoire riche en rebondissements. Le complexe comprend le Burgkloster (monastère du château) médiéval superbement restauré. (Europäisches Hansemuseum ; ☎0451-809 0990 ; www.hansemuseum.eu ; An der Untertrave 1 ; adulte/enfant 12,50/7,50 € ; ☺10h-18h).

Buddenbrookhaus

Lauréat du prix Nobel de littérature en 1929, Thomas Mann est né à Lübeck en 1875. L'ancienne maison familiale est aujourd'hui la Buddenbrookhaus (☎0451-122 4190 ; www.buddenbrookhaus.de ; Mengstrasse 4 ; adulte/enfant 7/2,50 € ; ☺10h-18h avr-déc, 11h-17h fév-mars, 11h-17h tlj sauf lun jan).Tirant son nom d'un roman de Mann qui raconte le déclin d'une riche famille de Lübeck, *Les Buddenbrook* (1901), le musée rend hommage à l'auteur de grands classiques tels que *La Mort à Venise* (Der Tod in Venedig, 1912) et *La Montagne magique* (Der Zauberberg, 1924). Le musée est également consacré à Heinrich Mann, frère de Thomas, qui écrivit l'histoire dont est tiré le film *L'Ange bleu* (Der Blaue Engel, 1930) de Josef von Sternberg, avec Marlene Dietrich.

Passages et arrière-cours

Au Moyen Âge, Lübeck était peuplée de nombreux artisans. Il fallut les loger en dépit du manque de place, aussi construisit-on de minuscules maisons à un étage dans les arrière-cours des maisons déjà existantes. On rendit ensuite ces demeures accessibles

★ À savoir

o Pour souffler un peu, cap au sud via An der Obertrave, au sud-ouest de la vieille ville (Alstsadt) : vous y découvrirez le **Malerwinkel** (quartier des peintres), l'un des plus jolis coins de la ville. Là, vous pourrez vous asseoir sur un banc et contempler les maisons sur la rive opposée.

o Une vue panoramique sur la ville se déploie du haut de l'église Saint-Pierre.

✗ Une petite faim ?

Kartoffel Keller

Pour déjeuner, attablez-vous sous les beaux plafonds voûtés de l'une des plus anciennes caves à vin de la ville. Tables en terrasse l'été. Spécialisé bien sûr dans la pomme de terre, le restaurant sert aussi de bons ragoûts (☎0451-762 34 ; www.kartoffel-keller.de ; Koberg 8 ; plats 10-14 € ; ☺11h30-22h30 dim-jeu, 11h30-23h ven-sam)

nationale. Ses deux tours cylindriques coiffées d'un toit conique inspirèrent notamment Andy Warhol, dont une estampe est exposée au **musée Sainte-Anne** (St Annen Museum ; www. st-annen-museum.de). Le **musée de la Holstentor** (Museum Holstentor ; www.museum-holstentor.de ; ☎0451-122 4129 ; Holstentor ; adulte/enfant 7/2,50 € ; ⏰10h-18h avr-déc, 11h-17h tlj sauf lun jan-mars) évoque l'histoire de la porte et de Lübeck au Moyen Âge.

Grenier à sel

Derrière la Holstentor se tient le **grenier à sel** (Salzspeicher), où l'on entreposait le sel venu de Lunebourg. On le troquait contre des fourrures de Scandinavie. Il servait aussi à conserver les harengs, part substantielle du négoce hanséatique à Lübeck.

Hôtel de ville

Construit entre les XIIIe et XVe siècles, l'**hôtel de ville** est l'un des plus beaux d'Allemagne. Ne pas manquer la salle d'Audience (Audienzsaal), à l'exubérante décoration rococo. (Rathaus ; ☎0451-122 1005 ; Breite Strasse 62 ; tarif plein/réduit 4/2 € ; ⏰visites guidées 11h, 12h et 15h lun-ven, 13h30 sam-dim)

Vieille ville de Lübeck

Au-delà de la Holstentor, la vieille ville de Lübeck (Altstadt) est un entrelacs de rues bordées de demeures de négociants et ponctuées d'églises médiévales. Située sur une île ceinturée par la Trave, elle se parcourt aisément à pied. Elle a été

Holenstor (ci-dessous)

par des passages les reliant à la rue. Près de 90 de ces *Gänge* (passages) et *Höfe* (cours) subsistent, et l'on trouve parmi eux des logements sociaux d'époque, les *Stiftsgänge* et les *Stiftshöfe*. Les plus célèbres sont le **Füchtingshof** (Glockengiesserstrasse 25) et le **Glandorps Gang** (Glockengiesserstrasse 41-51) de 1612.

Holstentor

Construite en 1464, la porte de Lübeck en brique rouge est une icône

Malerwinkel, Lübeck (p. 137)

classée au patrimoine mondial de l'Unesco en 1987.

Église Sainte-Marie

Troisième église d'Allemagne la plus grande par la taille, l'**église Sainte-Marie** (Marienkirche ; 0451-397 700 ; www.st-marien-luebeck.com ; Marienkirchhof 1 ; adulte/enfant 2 €/gratuit ; 10h-18h avr-sept, jusqu'à 16h nov-mars), du XIIIe siècle, possède les plus hautes voûtes en brique au monde. Elle a inspiré nombre d'églises de la région. Notez les croisées d'ogives des plafonds peints que soutiennent de graciles colonnes. Ses cloches, brisées en 1942 après un bombardement, sont restées là où elles sont tombées, offrant un spectacle poignant.

Église Saint-Pierre

L'**ancienne église Saint-Pierre** (Petrikirche, 0451-397 730 ; www.st-petri-luebeck.de ; Petrikirchhof 1 ; clocher adulte/enfant 4/2,50 € ; église 10h-16h, clocher 9h-18h mars-sept, 10h-17h oct-déc, 10h-18h janv-fév), du XIIIe siècle, accueille aujourd'hui des expositions, et une plateforme d'observation accessible en ascenseur.

Carnet pratique

Landungsbrücken (embarcadères) IMAGEBROKER/ALAMY ©

Avant de partir

Hébergement

Hambourg possède des hôtels de qualité dans toutes les gammes de prix ; même les établissements les plus simples sont généralement propres et confortables. Mieux vaut réserver pour un séjour entre juin et septembre ainsi que pendant les périodes de fêtes et les festivals. Hambourg est une ville étendue, mais bien desservie par les transports publics. Choisissez donc votre lieu d'hébergement en fonction des quartiers où vous comptez passer le plus de temps.

Types d'hébergement

Hôtels Le choix va des petits établissements familiaux aux châteaux restaurés

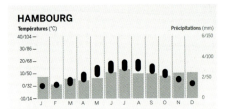

HAMBOURG
Températures (°C) ... Précipitations (mm)

Quand partir

○ **Été** (juin à août). C'est la haute saison touristique : la ville est très vivante, mais mieux vaut réserver.

○ **Automne** (septembre à novembre). Parfois en passant par les chaînes internationales.

Auberges de jeunesse Nombreuses adresses indépendantes ou affiliées à Hostelling International.

Pensionen Équivalent allemand des chambres d'hôte, elles prévalent en zone rurale et présentent un bon rapport qualité/prix.

Sites Web

Bauernhof Urlaub (www.bauernhofurlaub.de). Gîtes ruraux.

très agréable malgré le froid.

○ **Hiver** (décembre à février). La période la plus calme en raison des basses températures.

○ **Printemps** (mars à mai). Plaisant quoique plutôt frais.

Bed and Breakfast (www.bed-and-breakfast.de). Bonne sélection de B&B et de locations privées.

Deutsches Jugend-herbergswerk (DJH ; www.jugendherberge.de). Auberges de jeunesse affiliées à Hostelling International.

Germany Travel (www.germany.travel). Hébergements classés par régions et par thèmes.

Independent Hostels of Germany (www.german-hostels.de). Large éventail d'auberges de jeunesse indépendantes en Allemagne.

Lonely Planet (www.lonelyplanet.fr). Conseils et réservations.

Petits budgets

Generator Hostels

(☎ 040-226 358 460 ; www.generatorhostels.com ; Steintorplatz 3 ; dort/d à partir de 16/64 € ; 🛜 ; Ⓤ Hauptbahnhof-Süd). Dortoirs et doubles modernes à un emplacement privilégié.

Instant Sleep Backpacker Hostel

(☎ 040-4318 2310 ; www.instantsleep.de ; Max-Brauer-Allee 277 ; dort/s/d à partir de 19/50/60 € ; @ 🛜 ; Ⓡ Sternschanze). Jolies chambres décorées de tableaux aux murs et cafés sympathiques à proximité.

Jugendherberge Hamburg

(☎ 040-570 1590 ; www.jugendherberge.de ; Alfred-Wegener-Weg 5 ; dort 22-28 €, d/tr 79/99 € ; 🛜 ; Ⓢ et Ⓤ Landungsbrücken). Auberge de jeunesse avec vue spectaculaire sur le port, dans le quartier animé de Sankt Pauli.

Meininger Hotel Hamburg City Center

(☎ 040-2846 4388 ; www.meininger-hotels.com ; Goetheallee 11 ; dort 15-30 €, s/d à partir de 75/90 € ; Ⓟ @ 🛜 ; Ⓢ Altona). Hôtel-auberge de jeunesse très bien équipé, à Altona.

Alpha Hotel-Pension

(☎ 040-245 365 ; www.alphahotel.biz ; Koppel 4-6 ; s/d à partir de 44/55 € ; ◒ 🛜 ; Ⓤ Hauptbahnhof-Nord). Accueillant B&B de Sankt Georg, doté d'un coin terrasse sur le toit.

Superbude St Georg

(☎ 040-380 8780 ; www.superbude.de/hostel-hamburg/st-georg ; Spaldingstrasse 152 ; ch à partir de 68 € ; 🛜). Auberge de jeunesse fun au personnel branché, près de Sankt Georg.

Catégorie moyenne

Henri Hotel

(☎ 040-554 357 557 ; www.henri-hotel.com ; Bugenhagenstrasse 21 ; s/d à partir de 98/118 € ; 🛜 ; Ⓢ Mönckebergstrasse). Alliance de style rétro et de confort moderne au cœur d'Altstadt.

Adina Apartment Hotel Speicherstadt

(☎ 040-334 6080 ; www.adinahotels.com/hotel/hamburg-speicherstadt ; Willy-Brandt-Strasse 25 ; ch à partir de 144 € ; Ⓟ ❄ 🛜 ▨ ; Ⓤ Messberg). Beaux studios au design contemporain et au service impeccable.

Fritz im Pyjama Hotel

(☎ 040-314 838 ; www.fritz-im-pyjama.de ; Schanzenstrasse 101-103 ; s/d à partir 82/129 € ; 🛜 ; Ⓢ Sternschanze).

Un fil d'Ariane en voyage

Vous êtes ressortissant français ? Pensez à vous enregistrer sur le **portail Ariane** (pastel.diplomatie.gouv.fr/fildariane) du ministère des Affaires étrangères. Ce service gratuit vous permet de recevoir des alertes si la situation le justifie. Crise politique, catastrophe naturelle, attentat... recevez en temps réel des consignes de sécurité lors de votre voyage.

Il existe une application pour les Smart-phones et les tablettes, intitulée *Conseils aux voyageurs*.

Élégant boutique-hôtel du Schanzenviertel au décor original.

Hotel Motel One Hamburg Am Michel

(☎ 040-3571 8900 ; www.motel-one.com ; Ludwig-Erhard-Strasse 26 ; ch à partir de 79 € ; 🛜 ; Ⓤ St Pauli). Sympathique hôtel de standing à un prix très raisonnable.

25hours Hotel HafenCity

(☎ 040-257 7770 ; www.25hours-hotel.de ; Überseeallee 5 ; ch 100-225 € ; Ⓟ 🍴 🛜 ; Ⓤ Überseequartier). Adresse très tendance de HafenCity au décor vintage inspiré des années 1960-1970.

Scandic Hamburg Emporio

(☎ 040-432 1870 ; www.scandichotels.com ; Dammtorwall 19 ; s/d à partir de 139/149 € ; ❄ @ 🛜 ; Ⓤ Gänsemarkt). Excellente chaîne scandinave bien située offrant de belles chambres.

Catégorie supérieure

Fairmont Vier Jahrseiten Hamburg

(☎ 040-3494 3151 ; www.hvj.de ; Neuer Jungfernstieg 9-14 ; ch à partir de 285 € ; ❄ 🛜 ⚿ ; Ⓤ Stephansplatz). Chambres de luxe et vue sur l'eau pour le plus grandiose des hôtels historiques de la ville.

Renaissance Hamburg Hotel

(☎ 040-349 180 ; www.marriott.com ; Grosse Bleichen ; s/d à partir de 159/179 € ; ❄ 🛜 ⚿ ; Ⓢ & Ⓤ Jungfernstieg).

Établissement raffiné en plein Neustadt.

Hotel Atlantic

(☎ 040-288 80 ; www.kempinski.com ; An der Alster 72-79 ; s/d à partir de 150/175 € ; ❄ 🛜 ⚿ ; Ⓤ Hauptbahnhof-Nord). Charme d'antan au bord de l'eau à Sankt Georg.

Hotel Wedina

(☎ 040-280 8900 ; www.hotelwedina.de ; Gurlittstrasse 23 ; ch 125-275 € ; Ⓟ @ 🛜 ; Ⓢ Hauptbahnhof). Sankt Georg version luxe, intimité, littérature et hôtes célèbres.

Empire Riverside

(☎ 040-311 190 ; www.empire-riverside.de ; Bernhard-Nocht-Strasse 97 ; ch 130-210 €, ste à partir de 239 € ; Ⓟ ❄ 🛜 ; Ⓤ St Pauli).

Voyages et changements climatiques

Tous les moyens de transport fonctionnant à l'énergie fossile génèrent du CO_2 – la principale cause du changement climatique induit par l'homme. L'industrie du voyage est aujourd'hui dépendante des avions. Si ceux-ci ne consomment pas nécessairement plus de carburant par kilomètre et par personne que la plupart des voitures, ils parcourent en revanche des distances bien plus grandes et relâchent quantité de particules et de gaz à effet de serre dans les couches supérieures de l'atmosphère. De nombreux sites Internet utilisent des "compteurs de carbone" permettant aux voyageurs de compenser le niveau des gaz à effet de serre dont ils sont responsables par une contribution financière à des projets respectueux de l'environnement. Lonely Planet "compense" les émissions de tout son personnel et de ses auteurs.

Gares de Hambourg

Hambourg compte deux gares majeures où transitent des lignes régionales et longues distances :

Hamburg Hauptbahnhof (gare centrale ; www.hamburger-hbf.de ; ⓡ Hauptbahnhof). Le principal nœud ferroviaire de l'Allemagne du nord dessert aussi Copenhague plusieurs fois par jour (à partir de 80 €, 5-6 heures).

Hamburg Altona (Ⓢ Altona). De nombreux trains depuis/vers Hambourg utilisent la gare de taille moyenne située dans le quartier d'Altona.

Voici quelques exemples de trains directs :

DESTINATION	DURÉE (HEURES)	PRIX
Berlin	1¾	à partir de 30 €
Brême	1	à partir de 20 €
Cologne	4	à partir de 36 €
Flensburg	2½	à partir de 20 €
Francfort	3½	à partir de 34 €
Kiel	1¼	à partir de 20 €
Lübeck	¾	à partir de 14,50 €
Munich	5¾-7	à partir de 68 €
Schwerin	1	à partir de 20 €
Stralsund	4-5	à partir de 30 €

Hôtel contemporain très chic de Sankt Pauli dominant l'Elbe et le port.

The Madison Hotel (☎ 040-376 660 ; www.madisonhotel.de ; Schaarsteinweg 4 ; s/d 159/179 € ; ❄ @ 🛜 ; Ⓤ Baumwall). Emplacement de choix, chambres splendides et service personnalisé, à Neustadt.

Arriver à Hambourg

Hambourg bénéficie d'une bonne desserte. Nombre de compagnies aériennes couvrent cette destination au départ de l'Allemagne et des autres pays d'Europe. La ville constitue en outre l'un des principaux nœuds de transports terrestres de l'Allemagne du nord, avec quantité de lignes de bus et de train régionales, nationales et internationales. Vols, voitures de location et circuits peuvent être réservés sur le site www.lonelyplanet.fr.

Titres de transport

En matière de transports, Hambourg se divise en plusieurs cercles et zones tarifaires. Le cercle A englobe le centre-ville, la proche banlieue et l'aéroport.

Il existe des pass journaliers valables pour un adulte et jusqu'à trois enfants entre 6 et 14 ans (les moins de 6 ans voyagent gratuitement).

Les tickets de train s'achètent aux guichets automatiques, les tickets de bus auprès du chauffeur. Voici les différentes formules :

TICKETS COUVRANT LES CERCLES A ET B (GROSSBEREICH HAMBURG/GRAND HAMBOURG)	PRIX
Ticket trajet court/*Kurzstrecke* (2 ou 3 arrêts seulement)	1,60 €
Ticket de base/*Einzelkarte*	3,30 €
Ticket journalier utilisable à partir de 9h /*9-Uhr-Tageskarte*	6,40 €
Ticket journalier/*Ganztageskarte* (valable de 6h à 6h le jour suivant)	7,70 €
Ticket journalier de groupe/*Gruppenkarte* (valable après 9h jusqu'à 5 personnes de tous âges)	12,00 €

Un trajet en *Schnellbus* (bus express) coûte 2,20 € en sus.

Notez que les stations d'U-Bahn et de S-Bahn n'ont pas de portillons. Des contrôles aléatoires ont lieu à bord des trains

Aéroport international

De l'**aéroport de Hambourg** (Flughafen Hamburg Helmut Schmidt ; HAM ; 📞 040-507 50 ; www. hamburg-airport.de ; Flughafenstrasse ; 🚉 Hamburg Airport), la Lufthansa et la plupart des grands transporteurs européens assurent des vols intérieurs depuis/vers les autres pays européens. Les compagnies à bas coût Ryanair, Air Berlin, easyJet et Eurowings desservent également la ville.

Depuis la France

Air France (📞 36 54 ; www.airfrance.fr) propose plusieurs vols directs quotidiens depuis Paris (à partir de 120 €). La principale compagnie allemande, **Lufthansa** (📞 0826 10 33 34 ; www. lufthansa.fr), dessert Hambourg depuis Paris (à partir de 180 €), tandis que sa filiale **Eurowings** (www. eurowings.com) propose également des vols directs Paris-Hambourg à partir de 130 €.

easyJet (www.easyjet. com) propose un vol direct depuis/vers Lyon (85 €). **Brussels Airlines** (📞 089264 00 30 ; www.brusselsairlines.com) quant à elle dessert la cité hanséatique au départ de Marseille avec une escale (4 heures, 150 €).

Depuis la Belgique

Hambourg est desservie par vols directs depuis Bruxelles par **Brussels Airlines** (☎ 0902 51 600 ; www.brusselsairlines.com), pour 264 € et par **Lufthansa** (☎ 70 35 30 30 ; www.lufthansa.com) pour 402 €. Comptez 1 heure 10 de vol.

Depuis la Suisse

Au départ de Genève, seul **easyJet** (www.easyjet.com) assure des vols directs pour Hambourg. Comptez 69 CHF et presque 2 heures de vol.

Au départ de Zurich, vous aurez le choix entre **Eurowings** (www.eurowings.com, à partir de 146 CHF), **easyJet** (www.easyjet.com, à partir de 83 CHF), **Swiss International Airlines** (☎ 0848 702 000 ; www.swiss.com) ou **Lufthansa** (☎ 0900 900 922 ; www.lufthansa.com), toutes deux à partir de 236 CHF.

Le train est toutefois plus simple pour rallier Hambourg à partir de Zurich. Renseignez-vous sur le site de la Deutsche Bahn (www.bahn.de).

Depuis le Canada

Pour rejoindre Hambourg depuis Montréal, vous devrez obligatoirement faire une escale. **Air France** (☎ 36 54 ; www.airfrance.fr) propose plusieurs vols quotidiens à partir de 1 030 $CA (10 heures 30 de vol). **Air Canada** (☎ 888 247 2262 ; www.aircanada.com) assure également plusieurs vols quotidiens à partir de 1 190 $CA (9 heures 40). Si vous devez transiter par Francfort, faites des économies (et gagnez du temps) en prenant le train, plutôt qu'un vol intérieur à destination de Hambourg. L'aéroport de Francfort possède une gare ferroviaire.

Agences en ligne

Vous pouvez réserver votre vol via une agence en ligne ou vous renseigner auprès d'un comparateur de vols :
- www.ebookers.fr
- www.expedia.fr
- www.govoyages.com
- www.illicotravel.com
- www.kayak.fr

Comment circuler

Transports publics

HVV (☎ 040-194 49 ; www.hvv.de), qui gère les bus, les ferries, l'U-Bahn et le S-Bahn, possède plusieurs centres d'information, dont un à la gare de S-/U-Bahn de Jungfernstieg, et l'autre à la gare centrale (Hauptbahnhof). Les tickets coûtent à partir de 1,60 €.

Les bus et les trains circulent de 4h à minuit en semaine, 24h/24 le week-end et les veilles de fête. Les bus de nuit prennent le relais de 0h30 à 4h environ du dimanche au jeudi.

Bus

Des bus publics sillonnent la ville. Bien indiqués, les arrêts sont équipés d'un plan du réseau.

Il existe trois types de services :

MetroBus Environ 25 lignes omnibus.

SchnellBus Une dizaine de lignes express. Les n°s 35 et 37 permettent notamment d'aller de la Hauptbahnhof à la Rathausmark, la seconde poursuivant jusqu'à Sankt Pauli.

Nachtbus Des lignes nocturnes rayonnent depuis la Rathausmarkt après la fermeture de l'U-Bahn et du S-Bahn.

Ferry

Excellent moyen de locomotion, les ferries naviguent tout le long de l'Elbe ainsi qu'entre HafenCity et le Teufelsbrück. Ils reviennent en outre beaucoup moins cher que les bateaux touristiques qui parcourent le port.

Les ferries circulent entre 5h30 et 23h15, la plupart du temps toutes les 15 minutes.

Les tickets sont les mêmes que pour les bus, l'U-Bahn et le S-Bahn. Ils s'achètent aux billetteries automatiques des arrêts.

Train

Sans doute le mode de transport urbain le plus pratique, l'U-Bahn (quatre lignes) et le S-Bahn (six lignes) sont simples à utiliser. Des plans du réseau figurent sur toutes les cartes de la ville et à l'intérieur des stations.

Les deux systèmes diffèrent essentiellement par la fréquence des trains : toutes les 2 à 10 minutes pour l'U-Bahn, toutes les 10 à 20 minutes pour le S-Bahn. Leurs lignes se croisent fréquemment.

Voiture et moto

Conduire à Hambourg ne présente pas de difficultés. Les rues sont bien signalisées (attention aux sens uniques dans le centre-ville) et les parcs de stationnement ne manquent pas. La plupart des parkings du centre-ville facturent autour de 4 €/heure ou 28 €/jour. Au moment de réserver votre hôtel, demandez si celui-ci dispose d'un parking privé ou à prix réduit.

Le stationnement dans la rue, souvent limité à 2 heures, est payant entre 9h et 20h (généralement 50 €/10 minutes ou 6 €/2 heures).

Taux de change

Canada	1 $C	0,65 €
Suisse	1 FS	0,87 €

Pour connaître les taux actuels, consultez le site www.xe.com.

Vélo

Beaucoup d'auberges de jeunesse et quelques hôtels proposent des locations de vélos à leurs hôtes. Sinon, adressez-vous à **Zweiradperle** (plan p. 46 ; ☏ 040-3037 3474 ; www.zweiradperle. hamburg ; Altstädter Strasse 3-7 ; location à partir de 14 €/jour, circuit et location à partir de 25 € ; ⏰ 10h-18h tlj avr à mi-oct, 11h-18h mar-ven, jusqu'à 15h sam mi-oct à mars, circuit 10h30 tlj ; Ⓤ Steinstrasse).

StadtRad Hamburg (www.stadtradhamburg. de ; 1re demi-heure gratuite, puis 0,08 €/ min, 12 €/24 heures), géré par la Deutsche Bahn, opère depuis les stations d'U-Bahn et de S-Bahn ainsi qu'en d'autres points stratégiques en ville. Ses vélos rouge vif comportent sept vitesses. Inscription en ligne ou sur les lieux de location.

Les vélos sont admis gratuitement à bord des trains des réseaux U-Bahn et S-Bahn en dehors des heures de pointe (6h-9h et 16h-18h), de même que sur les ferries sans restriction d'horaire.

Taxi

Les taxis crème de Hambourg sont présents partout – on peut les héler dans la rue, les prendre aux stations ou les commander par téléphone. Dans ce dernier cas, **Taxi Hamburg** (☏ 040-666 666 ; www.taxihamburg. de) fait partie des compagnies les plus fiables.

La prise en charge est de 3,50 à 4,20 € selon l'heure de la journée, auxquels s'ajoutent 1,50 € à 2,50 € par kilomètre (tarif dégressif en fonction de la distance).

En mai 2015, l'activité d'Uber (www.uber.com) a été jugée contraire à la loi allemande sur les transports. La société a réagi en créant UberX, qui n'emploie que des chauffeurs avec licence et dont les prix sont inférieurs de 3% à 12% aux taxis classiques.

Infos pratiques

Argent

◦ L'Allemagne est l'un des 19 pays de l'Union européenne ayant adopté l'euro.

◦ Les Allemands continuent de privilégier les paiements en espèces. L'utilisation de la carte bancaire n'est donc pas aussi répandue qu'on pourrait le croire. Les chaînes hôtelières internationales, les restaurants haut de gamme, les grands magasins et les boutiques chics l'acceptent généralement, mais renseignez-vous quand même. De plus, un montant minimum est parfois exigé.

Cartes bancaires

◦ Les cartes Visa et MasterCard sont plus communément acceptées que l'American Express ou la Diner's Club.

◦ En cas de perte ou de vol, contactez le ☏ 116 116 ou l'un des numéros suivants :

American Express
☎069-9797 1000 ;
MasterCard ☎0800-
819 1040 ; **Visa**
☎0800-811 8440.

Change

o Si elles offrent ce service, les banques prélèvent une commission élevée : 5 à 10 € par transaction en devise étrangère quel que soit le montant.

o Dans les bureaux de change (*Wechselstuben*) des aéroports, des gares et des grandes villes, la commission est souvent moins élevée.

o Les agences de la Reisebank (www.reisebank. de), destinée aux voyageurs, sont présentes partout en Allemagne, notamment dans les gares. Leurs horaires sont plus étendus que ceux des autres banques et elles ouvrent souvent le week-end.

Distributeurs automatiques de billets (DAB)

o On en trouve partout. Le moyen le plus simple et le plus rapide de retirer de l'argent liquide est d'utiliser un DAB (*Geldautomat*) appartenant à un réseau international comme Cirrus, Plus, Star ou Maestro.

o Préférez ceux des grandes banques afin d'éviter les frais de transaction exorbitants.

o Les DAB allemands n'acceptent pas les codes de plus de quatre chiffres.

Espèces

Veillez à avoir toujours des espèces sur vous, et soyez prêt à payer en liquide presque partout.

Pourboire

Bar Environ 5%, arrondi à l'euro supérieur. Pour un service à table, faites comme au restaurant.

Hôtel Porteur de bagages : 1 € par article ; femme de chambre 1-2 €/jour.

Préposé(e) aux toilettes Petite monnaie.

Restaurant Le service (*Bedienung*) est toujours compris, mais la plupart des gens laissent un pourboire de 5 à 10%, sauf s'ils sont particulièrement mécontents.

Taxi Environ 10%, arrondi à l'euro supérieur.

Cartes de réduction

Il existe plusieurs formules avantageuses, mais elles nécessitent de faire beaucoup de visites sur une courte période.

Hamburg Card (www. hamburg-travel.com/ search-book/hamburg-card ; 1 jour 10,50 €). Réductions sur les musées, places de théâtre et croisières dans le port, gratuité dans les transports publics (y compris les ferries du port). Pour qu'elle soit rentable, il faut bien planifier sa journée et étudier attentivement ce que couvre la carte. Achat en ligne ou dans les offices du tourisme.

Hamburg City Pass (☎ 040-8788 098 50 ; www.turbopass.de ; 1 jour 39,90 €). Inclut la plupart des musées, les transports publics, une croisière dans le port et un circuit touristique en bus. Option intéressante à condition de beaucoup se déplacer. Achat en ligne.

Kunstmeile Hamburg

(Museum Mile ; 📞 040-428 134 110 ; www.kunstmeile-hamburg.de ; pass 3 jours adulte/enfant 25 €/gratuit, pass 1 an 36 €/gratuit). Billet combiné pour cinq musées d'art, en vente sur place. Le pass standard est valable 12 mois, mais il existe une carte de 3 jours consécutifs d'un bon rapport qualité/prix.

Électricité

Type F
230 V/50 Hz

Type C
230 V/50 Hz

Formalités et visas

L'Allemagne fait partie des 26 pays membres de l'espace Schengen.

Ressortissants et résidents de l'UE et de la Suisse Passeport ou carte d'identité seulement.

Ressortissants canadiens Pas de visa pour un séjour de moins de 3 mois maximum par période de 6 mois.

Ressortissants d'autres pays Renseignez-vous auprès d'une ambassade ou d'un consulat d'Allemagne.

Pour travailler ou étudier en Allemagne Un visa spécifique peut être demandé – renseignez-vous auprès d'une ambassade ou d'un consulat d'Allemagne.

Handicapés

o Hambourg est plutôt en avance en matière d'accessibilité. Des rampes et/ou des ascenseurs équipent de nombreux édifices publics, dont les gares, les musées, les salles de concert et les cinémas.

o Trains, tramways, métro et bus sont de plus en plus souvent aménagés pour les personnes à mobilité réduite. Dans certaines gares, des bandes de guidage permettent aux malvoyants de s'orienter sur les quais. Les chiens d'aveugle sont acceptés dans tous les transports publics. Pour les malentendants, les stations sont souvent annoncées par des affichages électroniques.

o Les hôtels les plus récents disposent d'ascenseurs, de chambres aux portes larges et de salles de bains spacieuses. Des agences de location de voitures proposent sans frais supplémentaires des véhicules à conduite manuelle et des monospaces équipés d'une plateforme élévatrice pour fauteuils roulants, mais il faut les réserver longtemps à l'avance. Dans les parkings, des places sont réservées aux handicapés.

Renseignements

Le site de la municipalité de Hambourg (www.hamburg.com/visitors/hamburg-for/disabled-persons) fournit une liste d'hébergements ainsi que des renseignements sur les transports publics et les lieux touristiques accessibles.

En France

L'**APF** (Association des paralysés de France ; ☏ 01 40 78 69 00 ; www.apf.asso.fr ; 17 bd Auguste-Blanqui, 75013 Paris) fournit des informations utiles sur les voyages accessibles. **Yanous** (www.yanous.com), **Hizy** (hizy.org), **Handicap.fr** (www.handicap.

fr) et **Tourisme et handicaps** (www.tourisme-handicaps.org) constituent également de bonnes sources d'information.

Désormais, les principales plateformes d'hébergement que sont **Abritel** (www.abritel.fr), **Airbnb** (www.airbnb.fr), **Booking** (www.booking.com) et **Hotels.com** (fr.hotels.com) ont intégré des critères d'accessibilité à leur moteur de recherche. **Handivoyage** (www.handivoyage.net) est une start-up qui regroupe des hébergements accessibles et qui propose aussi des séjours sur mesure. Plus modeste, **Wilengo** (www.wilengo.com) fonctionne sur le modèle d'Airbnb. Les agences de voyages **Yoola** (www.yoola.fr) et **Comptoir des voyages** (www.comptoir.fr) organisent des voyages adaptés aux personnes à mobilité réduite.

Heures d'ouverture

Les horaires suivants sont susceptibles de changer selon la saison. Les horaires indiqués dans ce guide correspondent à la haute saison.

Bars 18h-1h

Banques 9h-16h lun-ven, en général prolongés mar et jeu ; ouverture sam pour certaines.

Bureaux de poste 9h-18h lun-ven, 9h-13h sam

Cafés 8h-20h

Clubs 23h à tard

Magasins et supermarchés 9h30-20h lun-sam

Restaurants 11h-23h

Indicatifs téléphoniques et numéros d'urgence

Indicatif de l'Allemagne	☏ 49
Indicatif international	☏ 00
Ambulances	☏ 112
Pompiers	☏ 110
Police	☏ 110

Jours fériés

Neujahrstag (Nouvel An) 1er janvier

Ostern (Pâques) mars/avril ; Vendredi saint, dimanche de Pâques et lundi de Pâques

Christi Himmelfahrt (Ascension) Quarante jours après Pâques

Maifeiertag/Tag der Arbeit (fête du Travail) 1er mai

Pfingsten (dimanche et lundi de Pentecôte) Cinquante jours après Pâques

Tag der Deutschen Einheit (fête de l'Unité allemande) 3 octobre

Weihnachtstag (Noël) 25 décembre

Zweiter Weihnachtstag (lendemain de Noël) 26 décembre

Offices du tourisme

Accueillants et efficaces, les offices du tourisme de Hambourg distribuent toutes sortes de brochures. Demandez le *Hamburg Guide* mensuel, pas toujours en évidence. Quelques adresses utiles :

Office du tourisme de la gare centrale (📞 040-3005 1701 ; www.hamburg-travel. com ; Hauptbahnhof, près de la sortie Kirchenallee ; 🕐 9h-19h lun-sam, 10h-18h dim ; 🚆 Hauptbahnhof, Ⓤ Hauptbahnhof). Toujours très fréquenté, avec de nombreuses brochures et informations sur les réservations.

Office du tourisme de l'aéroport (terminaux 1 et 2 ; 🕐 6h-23h). Dans le hall des arrivées, à côté des tapis roulants à bagages.

Office du tourisme du port (📞 040-3005 1701 ; www.hamburg-travel.com ; entre les quais 4 et 5, St Pauli Landungsbrücken ; 🕐 9h-18h dim-mer, jusqu'à 19h jeu-sam ; Ⓢ Landungsbrücken). Pas de réservations hôtelières.

Sécurité

Quoique plutôt sûre, Hambourg n'en recèle pas moins des secteurs glauques.
○ Les quartiers "chauds" se situent autour de la Hauptbahnhof et de la Reeperbahn.

○ Les délits mineurs ont surtout lieu dans les zones touristiques. Surveillez vos affaires partout où il y a de la foule.

○ Sankt Georg, Steindamm et la Hansaplatz peuvent être dangereux, de jour comme de nuit.

○ Les secteurs les plus touchés par la criminalité se distinguent habituellement par une forte présence policière.

Toilettes

○ Les WC autonettoyants ouverts 24h/24, la plupart accessibles en chaise roulante, sont désormais assez répandus (0,50 €/15 minutes).

○ Dans les centres commerciaux, les clubs, les *Biergärten* etc., les toilettes sont gardées par un préposé, qui attend un pourboire de 0,20-0,50 €.

○ Les toilettes des aéroports sont gratuites, mais celles des grandes gares sont souvent entretenues par des sociétés privées comme McClean facturant l'accès jusqu'à 1,50 €.

Us et coutumes

Si l'Allemagne reste assez formelle, Hambourg autorise un peu plus de décontraction. Pour autant, les conseils suivants vous éviteront les faux pas.

Salutations Serrez la main et dites *Guten Morgen* (bonjour), *Guten Tag* (entre 12h et 18h) ou *Guten Abend* (après 18h). Utilisez le vouvoiement (*Sie*) avec un inconnu, sauf s'il vous invite à le tutoyer ou à l'appeler par son prénom. Le tutoiement (*du*) est réservé aux amis et aux enfants.

Excusez-moi Les Allemands emploient un même mot – *Entschuldigung* – pour attirer l'attention et s'excuser.

À table Souhaitez bon appétit (*Guten Appetit*) avant d'entamer le repas. Pour montrer que vous avez fini de manger, placez les couverts parallèlement sur votre assiette. Selon que vous buvez du vin ou de la bière, vous trinquerez en disant *Zum Wohl* ou *Prost*.

Langue

La prononciation de l'allemand est assez simple car la plupart des sons se prononcent comme ils s'écrivent. En lisant nos transcriptions phonétiques comme en français, vous vous ferez comprendre.

En allemand, l'accent tonique tombe généralement sur la première syllabe – dans nos transcriptions phonétiques, la syllabe accentuée figure en italique.

Notez que l'allemand distingue le "vous" de politesse (*Sie*) et le "tu" (*du*). Lorsqu'on s'adresse à des inconnus, il convient d'utiliser *Sie*. Le lexique ci-dessous utilise par défaut la forme de politesse ; lorsque les deux options (polie/informelle) sont indiquées, elles sont suivies de la mention "(pol/inf)". La mention "(m/f)" renvoie au masculin et au féminin.

Le guide de conversation *Allemand* publié par Lonely Planet vous sera certainement très utile.

Expressions de base

Bonjour.
Guten Tag.   gou·ténn tâk

Au revoir.
Auf   aof
Wiedersehen.   vî·der·zé·énn

Comment allez-vous/vas-tu ?
Wie geht es   vî gét ess
Ihnen/dir?   î·nénn/dîr

Bien, merci.
Danke, gut.   dang·ke goute

S'il vous plaît.
Bitte.   bi·te

Merci.
Danke.   dang·ke

Excusez-moi.
Entschuldigung.   énnt·chul·di·goung

Désolé.
Entschuldigung.   énnt·chul·di·goung

Oui./Non.
Ja./Nein.   ya/nayn

Parlez-vous (français) ?
Sprechen Sie   chpré·cHén zi
Französisch?   frann·tseu·zich

Je (ne) comprends (pas).
Ich verstehe   icH fer·chté·e
(nicht).   (nicht)

Se restaurer et prendre un verre

Je suis végétarien. (m/f)
Ich bin   icH bin
Vegetarier/   vé·gué·tâ·ri·ér/
Vegetarierin.   vé guó·tâ·ri·é·rin

Santé !
Prost!   prôst

C'était délicieux !
Das war sehr   das vahr zair
lecker!   le·ker

L'addition, s'il vous plaît.
Die Rechnung,   dî rech·noung
bitte.   bi·te

Je voudrais ...
Ich möchte ...   icH *meucH* té ...

un café	*einen*	*ay*·nén
	Kaffee	ka·fé
un verre	*ein Glas*	ayn glâs
de vin	*Wein*	va·ïn

une table	*einen Tisch*	ay·nénn tich
pour deux	*für zwei*	fur tsvay
	Personen	pér·zô·nén
deux bières	*zwei Bier*	tsvay bîr

Mots utiles

assiette	*Teller*	te·ler
avec	*mit*	mit
bar (pub)	*Kneipe*	knay·pé
beurre	*Butter*	bou·tér
bouteille	*Flasche*	fla·she
carte	*Getränke-*	gué·treng
des		keuh
boissons	*karte*	kar·te
chaud	*warm*	varm
couteau	*Messer*	mé·sér
cuillère	*Löffel*	leuh·fél
déjeuner	*Mittag-*	mi·tâk·
	essen	è·ssénn
desserts	*Nach-*	nârch·
	speisen	chpay·zen
dîner	*Abend-*	â·bénnt·
	essen	è·ssénn
épicé	*würzig*	vur·tsikh
épicerie	*Lebens-*	lé·bénns
	mittel	mi·tel
	laden	lâ·dén

Questions

Quoi/qu'est-ce que ?		
	Was?	vas
Comment ?	*Wie?*	vî
Quand ?	*Wann?*	van
Où ?	*Wo?*	vô
Qui ?	*Wer?*	vér
Pourquoi ?	*Warum?*	va·roum

épicerie	*Feinkost-*	fayn·kost
fine	*geschäft*	gué·cheft
fourchette	*Gabel*	gâ·bel
fromage	*Käse*	ké·ze
froid	*kalt*	kalt
marché	*Markt*	markt
menu	*Menü*	mé·nü
œuf/œufs	*Ei/Eier*	ay/ay·ér
pain	*Brot*	brôt
petit-déjeuner	*Frühstück*	fru·chtuk
plat du jour	*Gericht*	ge·rikht
	des	*des*
	Tages	tah·gues
poivre	*Pfeffer*	pfè·fer
restaurant	*Restaurant*	res·to·râng
sans	*ohne*	aw·ne
sel	*Salz*	zalts
sucre	*Zucker*	tsou·ker
tasse	*Tasse*	ta·seu
verre	*Glas*	glâs

Shopping

Je voudrais acheter ...
Ich möchte ... icH meuhcH·te ...
kaufen. kao·fén

Pouvez-vous me montrer ?
Können Sie es keuh·nénn zî es
mir zeigen? mîr tsay·guénn

Combien coûte ceci ?
Wie viel vî fîl
kostet das? kos·tét dass

C'est trop cher.
Das ist zu teuer. das ist tsoo toy·er

Pouvez-vous baisser le prix ?
Können Sie mit keuh·nénn zî mit
dem Preis dem prais
heruntergehen? he·roun·tér·gué·énn

Il y a une erreur dans l'addition.
Da ist ein Fehler dâ ist ayn fé·ler
in der in dér
Rechnung. recH·noung

Urgences

Au secours !
Hilfe! hil·feu

Appelez un médecin !
Rufen Sie rou·fénn zî
einen Arzt! ay·nénn artst

Appelez la police !
Rufen Sie rou·fénn zî
die Polizei! dî po·li·tsay

Je suis perdu.
Ich habe icH hâ·beu
mich verirrt. micH fér·irt

Je suis malade.
Ich bin krank. icH bin krank

Où sont les toilettes ?
Wo ist vo ist
die Toilette? dî to·a·le·te

Heure et dates

Quelle heure est-il ?
Wie spät ist es? vî chpét isst ess

Il est (10) heures.
Es ist (zehn) Uhr. éss isst (tsén) our

matin	*Morgen*	mor·guén
après-midi	*Nach-mittag*	naRch·mi·tâk
soir	*Abend*	â·bennt
hier	*gestern*	gués·terne
aujourd'hui	*heute*	hoy·te
demain	*morgen*	mor·guén

Jours de la semaine

lundi	*Montag*	môn·tâk
mardi	*Dienstag*	dîns·tâk
mercredi	*Mittwoch*	mite·voch
jeudi	*Donnerstag*	do·nérss·tâk
vendredi	*Freitag*	fray·tâk
samedi	*Samstag*	zamms·tâk
dimanche	*Sonntag*	zon·tâk

Mois de l'année

janvier	*Januar*	yânn·ou·âr
février	*Februar*	fé·brou·âr
mars	*März*	mérts
avril	*April*	a·prile
mai	*Mai*	may
juin	*Juni*	you·ni
juillet	*Juli*	you·li
août	*August*	ao·goust
septembre	*September*	zép·témm·bér
octobre	*Oktober*	ok·tô·bér
novembre	*November*	no·vemm·bér
décembre	*Dezember*	dé·tsémm·bér

Nombres

1	*eins*	aynts
2	*zwei*	tsvay
3	*drei*	dray
4	*vier*	fîr
5	*fünf*	funf
6	*sechs*	zeks
7	*sieben*	zî·ben
8	*acht*	acHt
9	*neun*	noyn
10	*zehn*	tsén
100	*hundert*	houn·dért
1000	*tausend*	toao·zénnt

Transports et orientation

Où est...?
Wo ist ...?   vo ist ...

Quelle est l'adresse ?
Wie ist die   vî ist dî
Adresse?   a·dre·se

**Pouvez-vous me montrer
(sur la carte) ?**
Können Sie es   keu·nen zî ess
mir (auf der   mîr (aof dér
Karte) zeigen?   kar·te) tsay·guénn

Je veux aller à ...
Ich mochte   icH meuhcH·te
nach ... fahren.   nahkh ... fah·ren

À quelle heure part-il ?
Wann fährt   van fért
er ab?   er ap

À quelle heure arrive-t-il ?
Wann kommt   van komt
er an?   er ânn

S'arrête-t-il à ...?
Hält er in ...?   hélt er in ...

Je veux descendre ici.
Ich mochte hier   icH meuhcH·te hîr
aussteigen.   aos·chtay·guén

avion	*Flugzeug*	flouk·tsoyk
bateau	*Boot*	bôt
bus	*Bus*	bouss

métro	*U-Bahn*	ou·bânn
train	*Zug*	tsouk

Hébergement

auberge	*Gasthof*	gast·hôf

auberge de jeunesse
Jugend-   you·guénnt·
herberge   hérbér gue

camping
Campingplatz   kemm·pinng·plats

chambre d'hôte
Privatzimmer   pri·vât·tsi·mer

hôtel	*Hotel*	ho·tél
pension	*Pension*	pânng·zyôn

Avez-vous une
Haben Sie ein... ?   hâ·bén zê ayn...

chambre double ?
Doppelzimmer   do·pel·tsi·mer

chambre simple ?
Einzelzimmer   ayn·tsel·tsi·mer

Combien est-ce par...?
Wie viel kostet   vî fîl kos tet
es pro...?   ess prô...

nuit	*Nacht*	naRcht
personne	*Person*	per·zôn

Le petit-déjeuner est-il compris ?
Ist das Frühstück   isst dass fru·chtuk
inklusive?   in·klou·zî·ve

En coulisses

Vos réactions

Vos commentaires nous sont très précieux pour améliorer nos guides. Notre équipe lit vos lettres avec la plus grande attention et prend en compte vos remarques pour les prochaines mises à jour. Pour nous faire part de vos réactions, prendre connaissance de notre catalogue ou vous abonner à notre newletter, consultez notre site Internet : **lonelyplanet.fr**

   Nous reprenons parfois des extraits de notre courrier pour les publier dans nos guides ou site web. Si vous ne souhaitez pas que vos commentaires soient repris ou que votre nom apparaisse, merci de nous le préciser. Notre politique en matière de confidentialité est disponible sur notre site Internet.

Un mot de l'auteur

J'ai toujours été accueilli chaleureusement lors de mes séjours à Hambourg – il serait trop long de remercier tout le monde individuellement. J'adresse toutefois un merci particulier à Thomas, Heike et Anouk Süssenbach. Chez Lonely Planet, je suis reconnaissant à Niamh O'Brien de m'avoir envoyé dans cette ville formidable. Merci également à Ron et Elaine Pumpa pour leur inspiration, ainsi qu'à ma famille, Marina, Carlota, Valentina et Jan.

Crédits photographiques

Photo de couverture : entrepôt de la Speicherstadt, reach-art/Getty Images©

Photos p. 32-33 (de gauche à droite dans le sens des aiguilles d'une montre) : Bildagentur-online/Joko/Alamy© ; Nik Waller Productions/Shutterstock© ; Bildagentur-online/Joko/Alamy©

À propos de cet ouvrage

Cette 1re édition du guide *Hambourg en quelques jours* est traduite de l'ouvrage *Pocket Hamburg* (1re édition), élaboré et rédigé par Anthony Ham.

Traduction
Pierre-Yves Raoult,
Frédérique Hélion-Guerrini,
Antoine Thibault

Direction éditoriale
Didier Férat

Coordination éditoriale
Dominique Spaety

Responsable prépresse
Jean-Noël Doan

Maquette
Gudrun Fricke

Cartographie
Eduardo Yanes Blanch

Couverture
Laure Wilmot

Merci à Christiane Mouttet pour sa précieuse contribution au texte.

Index

Voir aussi les index :

⊗ **Se restaurer p. 163**

☻ **Prendre un verre p. 163**

✪ **Sortir p. 164**

🔒 **Shopping p. 164**

L'auteur

Anthony Ham

Anthony parcourt le monde en quête d'histoires depuis plus de vingt ans. Son étude de l'allemand à l'université a marqué le début d'une longue histoire d'amour avec l'Allemagne, où il retourne autant que possible. Auteur de plus de 120 guides Lonely Planet sur des destinations d'Europe, d'Afrique, du Moyen-Orient et d'Australie, il écrit également pour des journaux et magazines aux quatre coins du globe.

Hambourg en quelques jours
1re édition
Traduit et adapté de l'ouvrage *Pocket Hamburg, 1st edition, March 2019*

© Lonely Planet Global Limited 2019
© Lonely Planet et Édi8 2019

Photographes © comme indiqué 2019
Dépôt légal Mai 2019
ISBN 978-2-81617-935-4

Imprimé par L.E.G.O. Spa (Legatoria Editoriale Giovanni Olivotto), Italie

Bien que les auteurs et Lonely Planet aient préparé ce guide avec tout le soin nécessaire, nous ne pouvons garantir l'exhaustivité ni l'exactitude du contenu. Lonely Planet ne pourra être tenu responsable des dommages que pourraient subir les personnes utilisant cet ouvrage.